SORORITÉ

Experte égalité après plus de dix ans dans le travail social, Maryne Bruneau a fondé le cabinet Egaluce. Elle accompagne les collectivités et les entreprises aussi bien en ce qui concerne les violences sexistes et sexuelles que les questions d'égalité professionnelle. Chroniqueuse en télé et radio, elle a publié *Les Légitimes, lutter contre le syndrome de l'impostrice* (Coop Breizh, 2023).

Lucile Peytavin est essayiste et docteure en histoire. Elle a cofondé l'association Gender and Statistics. Elle est membre de l'Observatoire sur l'émancipation économique des femmes de la Fondation des Femmes et experte dans la prévention des violences pour le cabinet Psytel. Elle a publié *Le Coût de la virilité. Ce que la France économiserait si les hommes se comportaient comme les femmes* (Le Livre de Poche, 2023).

Spécialiste de la voix, chanteuse lyrique soliste pendant trente ans, aujourd'hui coache en voix et prise de parole, formatrice et consultante certifiée pour Tomatis SA International, elle est membre du conseil d'administration du Laboratoire de l'égalité pour lequel elle anime l'événement littéraire les Pages de l'égalité. Elle est l'autrice de trois livres, dont le dernier est paru en 2024 aux éditions Trédaniel : *Une voix à soi, pourquoi n'entend-on pas la voix des femmes ?*

De Lucile Peytavin au Livre de Poche :

LE COÛT DE LA VIRILITÉ
Ce que la France économiserait
si les hommes se comportaient
comme les femmes

LUCILE PEYTAVIN, MARYNE BRUNEAU,
ALINE JALLIET

Sororité

Le Pacte

Avec la contribution de :
Gisèle Szczyglak, Vanessa Springora, Michelle Dayan,
Mélissa Plaza, Éliane Viennot, Cynthia Illouz,
Hélène Devynck, Najat Vallaud-Belkacem,
Élise Garcia, Anaïs Leleux, Irma, Claudine Monteil,
Christelle Taraud, Hamida Aman, Chloé Thibaud,
Anne-Cécile Mailfert

LE LIVRE DE POCHE

Couverture : Studio LGF. © Naqiewei / iStock.

ISBN : 978-2-253-23901-7 – 1re publication LGF

Un livre,
Un Pacte,
Trois sœurs,
Des milliers de sœurs

Le féminisme n'a jamais tué personne

Lucile Peytavin

Depuis que mon livre *Le Coût de la virilité* est sorti en 2021, ma vie est devenue une véritable aventure féministe. J'ai beaucoup voyagé en France et en Navarre pour donner des conférences sur mon travail devant des publics très variés… et suis même allée jusqu'en Australie !

Ce qui m'a frappée, c'est de voir à quel point cette approche économique de la masculinité est un outil puissant de changement des mentalités et, en même temps, un « butoir pour la pensée », pour certains hommes, pour reprendre avec ironie les mots de Françoise Héritier[1]. Je savais que soutenir un propos

1. Françoise Héritier (1933-2017) était une anthropologue, ethnologue et militante féministe.

féministe, qui défend donc simplement l'égalité entre les sexes, pouvait se révéler difficile. Mais lorsque ce propos concerne les hommes, cela devient un véritable défi. Faire face à une remise en question incessante de son travail peut être parfois « un peu » épuisant.

Mais ce qu'il y a de beau quand on mène une « guerre » (une fois de plus ce terme est utilisé avec toute l'ironie nécessaire), c'est la rencontre de camarades qui deviennent des êtres chers pour la vie. Partager l'adversité, ça rapproche.

Et dans ce tourbillon, je ne m'attendais pas à rencontrer autant de féministes extraordinaires qui luttent quotidiennement contre le patriarcat, sans relâche.

Ce que j'adore, c'est de constater à quel point toutes ces femmes se battent pour la même cause, mais avec des approches très différentes (le corps, l'art, la recherche scientifique, la collecte de fonds...), et abordent le sujet sous des angles variés (l'indépendance économique, l'accès à la santé, la prise en charge des victimes, etc.). Les sujets et les besoins ne manquent pas, aucun risque de s'ennuyer, et cela pour des décennies... hélas ! Je ne soupçonnais pas cette diversité et suis sans cesse émerveillée par la créativité et l'ingéniosité de ces femmes. C'est tout simplement admirable face à la violence systémique infligée par la misogynie. Comme disait Benoîte Groult[2] : « Le féminisme n'a jamais tué personne. Le machisme tue tous les jours. » Aucun doute, les femmes représentent cette moitié de la population qui apporte une valeur infinie à l'humanité par son humanisme.

Le féminisme m'est tombé dessus quand j'étais enfant : ce sentiment inscrit en beaucoup de petites filles de ne pas être légitime à vivre a toujours été là. Aujourd'hui encore, je dois parfois lutter contre ce vide qui m'aspire. Mais, heureusement, tout au long de ma vie, des femmes m'ont ancrée dans l'existence : ma grand-mère maternelle, Jeanne, qui a été le point de départ de ma thèse d'histoire sur le passé des artisanes-commerçantes, ma directrice de recherches Claude-Isabelle Brelot, éminente contemporanéiste et bien d'autres… parmi lesquelles Aline et Maryne, qui sont aujourd'hui mes compagnonnes d'écriture.

Je dois beaucoup aux femmes et au féminisme.

Malheureusement, aujourd'hui, « j'ai mal à mon féminisme ».

Je souffre de voir à quel point la violence gangrène ce mouvement si cher à mon esprit et à mon cœur. Non seulement en tant que militantes nous affrontons

2. Benoîte Groult (1920-2016) : journaliste, romancière et militante féministe.

celle que nous inflige le machisme, mais dorénavant nous devons également faire face à celle émanant de nos propres rangs.

D'un côté, les hommes essaient de nous faire taire par du mansplaining, des insultes, du harcèlement, des menaces de mort et de viol (jusque-là, malheureusement, rien de nouveau sous le soleil du féminisme) ; de l'autre, la violence s'exprime de plus en plus entre femmes… et cela même au nom du féminisme !

À présent, il n'y a pas une manifestation du 8 mars ou du 25 novembre[3], pour ne citer que ces exemples, qui ne soit pas marquée par des agressions physiques et des menaces de mort entre militantes.

La raison ? Des divergences de pensée.

À quels propos ? Prostitution, dénonciation des violences sexuelles perpétrées par des groupes terroristes, port du voile, GPA, transidentité… les sujets se multiplient.

Je ne remets pas en question le fait que des désaccords profonds sur des sujets aussi graves relatifs à la vie des femmes créent des gouffres entre nous.

Mais le féminisme est un mouvement intrinsèquement pacifiste qui appelle à la fin des violences. C'est

---

3. Pour rappel : le 8 mars est la journée internationale des droits de la femme et le 25 novembre est la journée internationale de lutte contre les violences faites aux femmes.

sa raison d'être. Alors, comment est-il possible que des femmes se disant féministes se rendent précisément coupables de ce qu'elles dénoncent ? Comment en sommes-nous arrivées à ce niveau de déshumanisation qui nous fait perdre de vue que nous sommes toutes des militantes, toutes des femmes, toutes des sœurs ? Notre mission engage justement plus que tout notre humanisme. Ne jamais cesser de voir en l'autre notre semblable est la condition sine qua non à notre émancipation.

La sororité est notre bien le plus précieux.

De voix en voix, un chemin vers la sororité

Aline Jalliet

De mon côté, la sororité m'est arrivée par la voix.

Par l'amour de la voix des femmes.

Parce que ça n'était justement pas facile d'aimer les voix des femmes, si souvent décriées, jugées, évaluées, mal-aimées. C'était d'autant moins facile en tant que chanteuse lyrique et professionnelle de la voix, dotée d'une oreille chirurgicale pour écouter. Il m'en a fallu du temps avant de ne plus entendre le trop, le pas assez, le pas placé, l'à côté, l'insupportable ou l'encombrant dans la voix des femmes.

C'est comme ça que la sororité m'est venue, de l'intérieur, comme une nouvelle évidence accrochée à la voix des femmes. Quand mon oreille a commencé à s'y intéresser. Qu'elle s'est émue de leurs modulations, émerveillée de leurs couleurs, attendrie de leur expressivité, et qu'elle n'a plus dès lors cessé de les aimer.

Mais avant ça encore, il a fallu que je retrouve le chemin de la sororité à travers ma propre voix. Un jour, comme dans un rêve éveillé, toutes les femmes de ma lignée ont rejoint ma voix, une à une, me reliant à une histoire que j'avais jusque-là ignorée. Parce que j'ai commencé à entendre dans ma propre voix toutes les femmes qui m'avaient précédée, j'ai pu commencer à écouter autrement celles que je rencontrais.

Alors, les femmes sont devenues mes sœurs. J'ai pu non seulement entendre dans ma voix la voix de toutes, mais j'ai pu également dans la voix de toutes reconnaître la mienne.

À partir de ce jour, je ne me suis plus jamais sentie seule.

Parce que le patriarcat n'a aucun intérêt au rapprochement des femmes entre elles, il a toujours empêché les conditions de leur alliance et s'est évertué à rompre constamment la chaîne de leur transmission : dans l'histoire, dans la langue, dans l'imaginaire, nulle place pour ce qui unit les femmes et leur permet de se rêver ou de se désirer sœurs.

Et pourtant. Ce que je vis et ce que je vois autour de moi contredit ce qu'on m'en a appris. Partout, des femmes avec des femmes, qui se soutiennent, se consolent, s'entraident. Partout, tout le temps, des femmes qui pratiquent la solidarité, le soin, l'attention et l'empathie pour d'autres femmes avec lesquelles elles se reconnaissent une communauté de destins. Cela porte un nom – l'amitié –, auquel on accorde si peu d'importance qu'il faut oublier la réalité qu'il dissimule : derrière la compétition à laquelle le patriarcat prétend condamner les femmes, une solidarité entre femmes existe bel et bien, qui les sauve du patriarcat.

Il manquait aux femmes un mot pour le reconnaître et construire un autre récit des relations entre femmes : la sororité. Par ce simple petit mot, les femmes peuvent enfin s'enorgueillir de ce qu'elles savent faire depuis des siècles, et choisir de le faire en conscience. Non plus par amitié, mais par sororité. Non plus par nécessité, mais par choix. Non plus par ignorance, mais en fierté.

La sororité est une alliance des femmes entre elles qui dépasse les différences et les désaccords, les frontières, les cultures et les siècles. Par la sororité, les femmes se réapproprient leur histoire, ouvrent l'horizon de leur imaginaire, retrouvent leur capacité à changer le monde, en changeant leurs conditions de vie et de projection dans ce monde.

Car la sororité est la force des femmes.

Depuis que j'ai choisi de regarder le monde à travers les yeux des femmes, cela a changé le regard que je portais sur lui. Après cinquante années passées à dire, penser, lire, admirer, porter, éprouver, valoriser ce qui vient des hommes, je commence depuis quelques années à m'émerveiller des œuvres, de la créativité, de la force et de l'intelligence des femmes. Enfin.

Cela ne vient pas tout seul. Dans une société dominée par les valeurs et les normes masculines, cela demande un sacré effort de changer ses attentes et ses filtres. J'y ai été aidée par le compagnonnage de toutes celles qui m'avaient précédée sur le chemin du féminisme. Lucile et Maryne font partie de ces femmes inspirantes qui m'ont fait rêver la sororité avant de la vivre, et m'ont permis de la vivre avant de la penser.

C'est de cet endroit que j'écris. D'un endroit où je goûte avec bonheur et gratitude la sororité que je désire pour toutes. Entourée de femmes, portée, inspirée, concernée par les actes, les paroles et l'expérience des femmes, je me sens aujourd'hui la force et le besoin de témoigner de ce que la sororité fait aux femmes et de ce qu'elle peut faire au monde.

Si l'expérience vécue de la sororité nous a donné envie d'écrire ce livre, ce sont l'exigence et la difficulté de la mettre en œuvre qui nous ont inspiré ce Pacte. Le mot « pacte » vient du latin *pactum* qui fait référence au verbe *pacere*, faire la paix. C'est ce que notre Pacte de la sororité propose aux femmes : faire la paix entre elles. Parce que nous savons que dans un monde où, depuis leur naissance, les femmes subissent des violences et des discriminations aussi nombreuses qu'invisibles, et qu'il est souvent plus facile de faire alliance avec ce (ceux) qui opprime(nt) qu'avec celles qui sont opprimées, nous demandons la paix entre les femmes.

Rappeler aux femmes qu'elles se doivent à elles-mêmes d'être leurs premières alliées, même quand c'est difficile, et précisément parce que c'est difficile ; leur remémorer la longue lignée des femmes dont elles sont issues pour les aider à se redresser, à s'entraider et à s'entr'aimer… c'est ce qui m'anime dans l'écriture de ce livre.

Les deux femmes avec lesquelles j'entreprends aujourd'hui ce travail de réflexion et d'écriture ont été mes sœurs avant de devenir mes amies. C'est pourquoi mon engagement envers elles contient toute la force du choix que j'ai fait, au-delà de l'élan qui en a été la source. C'est avec ces femmes-là que je choisis de poser la pierre de ce Pacte, comme une fondation nécessaire à notre avenir à toutes. Je souhaite qu'il réveille en chacune le souvenir enfoui d'une alliance venue du fond des âges et que tout nous pousse à oublier.

Je rêve que, de sororité reçue en sororité choisie, partagée, exprimée, manifestée, chacune contribue à faire reconnaître les valeurs, les droits, l'humanité et la grandeur du Peuple des femmes. C'est un projet humaniste, pacifiste et universaliste que nous vous proposons.

De voix en voix.

De sœur en sœur.

Parce que c'étaient elles, parce que c'était moi

Maryne Bruneau

Tant d'hommes ont pris nos mots que je peux bien emprunter ceux de Montaigne[1] pour ce livre. Dix mots qui me sont venus naturellement. Car si ce livre concerne la sororité, ce qui se passe entre Aline, Lucile et moi est de l'amitié. Nous avons eu énormément d'échanges sur les sujets d'actualité comme de fond qui concernent nos périmètres de pensées, d'expertise et d'engagement. Petit à petit, au-delà de notre sororité de fait, bien au-delà de nos intellects, des échanges de femme à femme, des partages plus personnels et un attachement particulier ont germé.

1. Allusion à la phrase de Montaigne à propos de son ami La Boétie : « Parce que c'était lui, parce que c'était moi. »

Il me semblait donc logique d'écrire avec Elles. Mais cette fluidité ne veut pas dire que c'est là une chose simple, bien au contraire. C'est d'ailleurs en cette occasion que nos liens se sont resserrés encore : nous savons qu'en tant que femmes notre quotidien nous conduit à morceler nos identités, nos compétences, nos emplois du temps et influe sur notre temps de cerveau disponible. Nous avons donc dû, à tout instant, faire preuve de cette sororité envers soi-même comme envers nos coautrices.

Écrire sur la sororité n'est pas rien. En vingt-trois années d'engagement, mon féminisme n'a eu de cesse d'évoluer, de se creuser, de se regarder pour se remettre en question. Mais si j'ai pu continuer à l'explorer, à en créer les contours, à le rénover, c'est qu'il est posé sur un socle. Immuable, lui.

Ce socle, c'est la sororité.

Dans ma vie, il y a des femmes qui ont été détestables avec moi. Alors, je les ai détestées. Il y a eu des femmes qui ont été de vraies traîtresses envers moi. Alors, j'en ai été attristée.

Mais jamais je n'ai ressenti envers une femme ce que je peux parfois ressentir de négatif envers des hommes. Et lorsque je me suis demandé pourquoi, évidemment, la réponse n'a pas tardé : quelles qu'elles soient, quels que soient leurs choix, j'ai au moins un point commun avec elles. C'est qu'en tant que femmes, nous subissons des oppressions spécifiques. Flora Tristan[2] a dit que « la femme est la prolétaire du prolétaire » et je ne suis pas d'accord. Car si demain le capitalisme capitule, le principe même du prolétariat partira en fumée. Tandis que, si le patriarcat disparaît, nous, femmes, existerons toujours en tant que groupe social. Cependant, là où je rejoins Flora Tristan et bien d'autres penseuses, c'est sur l'existence des femmes en tant que groupe. Mais un groupe qui s'ignore, parce qu'en tant que femmes nous avons peu conscience de nous-mêmes. De cela, nous reparlerons plus loin.

Nous avons si peu l'habitude de nous retrouver entre femmes que cela nourrit notre inquiétude de l'Autre. C'est l'expérience que je fais régulièrement dans le cadre des formations que je donne. Poser la règle de la sororité auprès de stagiaires ne va pas encore de soi. Nombre de femmes peuvent alors réaliser qu'elles ne s'étaient jamais trouvées dans un espace qui leur était consacré et où elles pouvaient être entre elles. Entre elles, mais surtout à ne parler que d'elles-mêmes, que pour elles-mêmes.

---

2. Flora Tristan (1803-1844) : femme de lettres, penseuse, militante socialiste et féministe.

En ce qui me concerne, j'ai parfois été insorore. Bien sûr que je l'ai été. Envers moi-même, alors que je devrais me considérer comme la première personne à respecter. Envers d'autres femmes aussi.

Pourtant, cela ne m'empêche pas aujourd'hui d'écrire sur ce sujet, car il est au centre de mon éthique de vie. Il y a aussi que, ayant choisi de m'entourer de femmes dans tous les pans de mon existence, j'en fais l'expérience bien plus souvent que d'autres femmes de mon âge. C'est un choix très conscient mais aussi assez inhabituel de décider cela : travailler, s'entourer, faire confiance avant tout à des femmes. Cela aussi, nous le développerons dans ce livre.

Depuis que mon niveau scolaire me le permet, écrire est l'outil qui m'aide à penser. J'écris partout et tout le temps, je lis les livres des autres avec un crayon à la main. Il s'agit donc ici d'écrire, je tiens à le dire, auprès de deux des plus beaux cerveaux féministes et sorores de notre époque ! Ça ne se refuse pas !

Je vous écris depuis le socle de la sororité, et l'un des synonymes de socle est « piédestal ». En effet, je place cette éthique de vie sur un piédestal. Mais pas de ceux qui doivent être en surplomb et purs – je rejette la pureté, qu'elle soit militante ou autre.

Disons plutôt que c'est un socle sûr et fort, sur lequel peut reposer mon engagement féministe, dans toute sa puissance et dans tout son caractère évolutif, imparfait.

Je vous écris depuis ma légitimité à penser, échanger, écrire sur ce sujet. En tant que femme, en tant que féministe, dans mon engagement attentif à l'Autre. Cette belle Autre qui vit comme moi des oppressions spécifiques au motif qu'elle est une femme.

Ce livre, s'il a pour point de départ une hiérarchie manifeste entre le groupe social des femmes et celui des hommes, est avant tout un livre de solutions. Un livre de pouvoir. Mais de pouvoir sans recherche de domination. En cela, il s'agit d'un pouvoir, justement, anticapitaliste et antipatriarcal : il est gratuit, il est universel, il s'adresse à toutes les femmes à tout instant, il ne cherche ni à écraser ni à assujettir quiconque. Il ouvre des possibles.

Ce pouvoir immense, c'est la sororité. Et c'est ce que nous vous proposons de découvrir dans les pages suivantes.

Lucile, Aline, Maryne

En écrivant ce livre toutes les trois, nous avons voulu nous entourer d'autres sœurs auxquelles nous avons proposé de transmettre leur vision de la sororité, en toute liberté de forme, de ton et de contenu. Merci à toutes et à chacune d'avoir accepté de contribuer, à nos côtés, à faire l'éloge de ce super-pouvoir qu'est la sororité.

POURQUOI UN PACTE DE LA SORORITÉ ?

Nous souhaitons poser ici un acte fort.
Un acte fondamental par lequel nous demandons aux femmes de s'engager les unes envers les autres. Pour résister au patriarcat et pour exister en tant que peuple.
Cet engagement, c'est la sororité.
Cet acte, c'est un Pacte.
En le signant, chacune de nous s'engage vis-à-vis d'elle-même et de toutes les autres à devenir la sœur de toutes les femmes.
Parce que nous pensons que seule une alliance entre sœurs nous permettra de nous penser et d'agir en tant que Peuple de femmes. C'est ce que nous avons appelé « la sororité-racine ».

Pour signer le Pacte : rendez-vous sur

https://chng.it/sLjP4W7Mpb

pour apporter votre signature à notre décompte sorore.

Pour stopper les actes anti-sorores sur les réseaux sociaux, nous vous proposons de vous emparer de ce hashtag :

#sororitelepacte

Pour aller plus loin, lisez ce livre.

LE PACTE DE LA SORORITÉ

Je m'engage **envers moi-même** :

- à être d'abord et avant tout ma propre sœur, c'est-à-dire à prendre soin de moi et à faire preuve de bienveillance à mon égard ;
- à célébrer la réussite des autres femmes, en évitant de me comparer à elles et de nourrir mon sentiment de jalousie.

Je m'engage à **soutenir les autres femmes** :

- les considérer comme mes sœurs et non comme des concurrentes ou des ennemies ;
- en présence des hommes, privilégier autant que possible le soutien entre femmes ;
- faire preuve envers les autres femmes d'empathie et de bienveillance ;
- citer les autres femmes quand j'évoque leurs idées, leurs créations ou leurs mots ;

- leur porter assistance en toutes circonstances, surtout lorsqu'elles sont victimes de sexisme, de misogynie ou de violences ;
- accorder du crédit à leurs actes et à leurs paroles, et faire preuve d'indulgence à leur égard lorsqu'elles font le jeu involontaire du patriarcat.

Je m'engage à **ne pas nuire aux autres femmes** :
- combattre leurs idées mais pas leur personne ;
- ne pas les menacer de mort ni les terroriser ;
- ne pas les harceler ou les exposer au (cyber)harcèlement ;
- ne pas les insulter ni les dénigrer en public ;
- ne pas participer aux cabales menées contre elles.

Je soussignée .... m'engage à devenir la sœur de toutes les femmes.

Fait à
Le

Signature

VOYAGE
EN SORORITÉ

L'HISTOIRE D'UN MOT OUBLIÉ

Gisèle Szczyglak
philosophe et entrepreneuse

La sororité est l'autre visage de la fraternité. Sororité et fraternité sont les deux faces de l'humanité. Au fil des siècles et de leur emprise sur la société, les hommes ont tissé, entre eux, ce lien indéfectible qui porte différents noms : cooptation, boys club, entre-soi, gouvernance, pouvoir, etc.

Ce mot précieux de sororité, encore si peu usité, incarne la puissance des liens entre les femmes et les fils invisibles qui les relient, même ténus. C'est d'abord la reconnaissance d'une réalité biologique qui les unit autour d'un vécu commun, même s'il est différent pour chacune.

C'est aussi cette force puisée dans le nombre, face au miroir social qui reflète tous les stéréotypes auxquels les femmes sont encore sommées de se plier. La sororité fait éclater tous les enfermements, les réductions identitaires en activant l'essence et le feu sacré des liens entre les femmes. Elle désigne une expérience à la fois individuelle et collective. Actes de soutien, paroles et postures : un engagement vis-à-vis de ses consœurs.

Tendre la main aux autres femmes, même quand on ne les apprécie pas.

Il ne peut y avoir de féminisme universel en dehors d'une culture de la sororité.

La sororité est une reconnaissance absolue de l'humanité des femmes, toujours réversible dans notre monde.

J'ai à cœur de valoriser et d'accompagner les femmes dans leur carrière et de les sortir d'une fausse idée d'elles-mêmes, d'une impossibilité à changer de vie, ou tout simplement à en avoir une. C'est ce qui fait sens à mes yeux.

Aider les femmes là où elles se trouvent. C'est cela pour moi la sororité. En la pratiquant et en l'enseignant, je pense contribuer à une idée plus juste de l'humanité. Femmes et hommes ont droit… aux mêmes droits.

Vanessa Springora
écrivaine

Sororité.

Je n'ai pas eu de sœur(s), au pluriel comme au singulier. J'aurais aimé en avoir plusieurs, comme dans *Les Quatre Filles du docteur March*. Mais une seule m'aurait suffi. Une aînée, pour me protéger, que j'aurais voulu égaler, qui m'aurait hissée vers l'avenir. Une cadette à choyer, dans les yeux de qui j'aurais lu de l'admiration, qui m'aurait offert sa confiance. J'aurais voulu une sœur pour m'apprendre le partage et la différence. Ce n'est pas toujours simple, dit-on. Mais c'est tout de même un deuil, de ne pas avoir connu ça, une alliée à tous les âges de la vie, sur qui me reposer, avec qui traverser l'existence. Je n'ai pas eu de sœur(s), mais je m'en suis fabriqué.

La vie les a mises sur mon chemin, ce sont mes amies de toujours, celles qui me portent au quotidien. Et puis celles dont je lis les livres, dont j'écoute la musique, dont je regarde les films, les tableaux, les photos. Celles qui forment une chaîne universelle. En qui je peux me reconnaître et qui chantent en chœur : « Nous sommes fortes parce que nous sommes ensemble. »

« Il y a donc un mot, mais un mot fragile,
contesté, tangent[1]. »

Si nous avons écrit ce livre, c'est à cause d'un mot. Un mot qui a manqué à nos oreilles quand nous étions enfants. Un mot qui a tardé à faire partie de notre vocabulaire et qui réclame, encore aujourd'hui, que nous l'apprivoisions. Alors il nous a semblé que nous ne pouvions pas entamer ce « voyage en sororité » avec vous sans en explorer d'abord l'histoire.

Si nous ne connaissons pas beaucoup le mot « sororité », en revanche le mot « sœur » nous est familier : il évoque pour beaucoup d'entre nous un lien très particulier, que nous tissons depuis notre naissance avec les autres filles de notre famille. Un lien horizontal,

1. Blanche Leridon, *Le Château de mes sœurs. Des Brontë aux Kardashian, enquête sur les fratries féminines*, Les Pérégrines, 2024, p. 15.

de communauté d'origine, d'éducation et de destin, qui implique ressemblance et proximité, quand bien même nous ne l'avons pas choisi. L'affection pour nos sœurs, celles qui seront présentes souvent tout au long de notre vie, ne ressemble à aucune autre. Ni à celle que nous portons à nos parents, ni à celle que nous tissons avec nos amies. De Christine de Pizan à Olympe de Gouges (« Mes très chères sœurs[2] »), de Chloé Delaume (*Mes bien chères sœurs*[3]) à Clara Luciani (« Ma sœur[4] »), le mot est d'abord invoqué pour rappeler aux femmes ce lien de cœur, tendre et sensible, qui est comme une évidence entre elles quand elles sont sœurs.

Pourtant, même dans le cadre de cette expérience de vie que beaucoup d'entre nous font de la proximité entre filles d'une même famille, **le mot « sororité » est comme un mot fantôme**, qui n'a pas le droit de cité : on parle de « fratrie » y compris pour désigner des sœurs, comme si la spécificité des « fratries de sœurs » ne méritait pas de mot pour la nommer.

2. Christine de Pizan, *La Cité des dames* (1405) et Olympe de Gouges, *Le Portrait des femmes* (1788).

3. Chloé Delaume, *Mes bien chères sœurs*, Seuil, 2019.

4. Chanson de Clara Luciani, 2019. https://youtu.be/mU63HJ3NYTM?si=hYbIlZTqtgJ0qxw-

Il restera également ce « mot manquant[5] » pour désigner la fraternité entre femmes qui ne sont pas liées par le sang. On aura bien le mot « amitié », mais cela n'aura ni la même valeur ni la même signification : les hommes peuvent être frères entre eux sans être amis, et on voit bien ce que cette possibilité leur permet de construire d'alliances et de stratégies. Les femmes entre elles n'ont pour ressources que leurs amitiés, mot qui les confine dans le domaine de l'intime et de l'affectif, ignorant que des liens d'affinité et d'intérêt entre femmes existent en dehors de l'amitié. Dès lors, sans le mot « sororité », les femmes entre elles seront soit amies, soit ennemies. La messe est dite.

Et pourtant, l'histoire du mot nous montre que les femmes peuvent aussi être des sœurs.

Issu du latin *soror* (« sœur »), le terme *sororitas* désigne dans le latin médiéval une communauté religieuse de femmes, autrement dit de nonnes, souvent « placées sous la protection et l'autorité des hommes ». Or, dès la fin du XIIe siècle, des femmes veuves ou divorcées commencent à s'installer dans des maisons indépendantes, proches les unes des autres : apparaissent ainsi ce qu'on a appelé les « béguinages », ces sociétés non mixtes et non religieuses qui permettaient

---

5. Expression empruntée à Blanche Leridon, *op. cit.*

à des femmes souhaitant échapper au remariage de faire l'expérience de l'émancipation et de l'autonomie. Dans le prolongement des béguines, la forme française du mot *sororité* se précise au XVIe siècle, sous la plume de Rabelais, pour désigner « une communauté de femmes ayant des relations, des liens » non exclusivement religieux.

On retrouvera cette notion de lien privilégié entre femmes aux États-Unis, à la fin du XIXe siècle, lorsque les jeunes filles, accédant à l'enseignement supérieur, forment des confréries semi-clandestines pour contrer leur exclusion des boys clubs d'étudiants. Puis dans le scoutisme des débuts du XXe siècle qui s'ouvre aux filles mais veut les distinguer des garçons : c'est le mot « sestralité » qui s'impose alors en France, traduction de l'anglais *sisterality*, lui-même construit à partir de *sister* et *solidarity*. Ainsi, la sororité c'est d'abord un regroupement de femmes ou de filles qui découvrent, dans l'expérience qu'elles font de la non-mixité, des ressources et des liens que ne leur offre pas la société dans laquelle elles vivent. C'est aussi la possibilité de reconnaître qu'il existe des relations réciproques entre femmes sans référence au masculin : une forme de test de Bechdel[6] réussi !

---

6. « Le test de Bechdel » a été nommé ainsi à partir de la BD *The Rule* de la dessinatrice américaine Alison Bechdel (1985). Appliqué

Malgré ces quelques occurrences, c'est dans son effacement que le mot « sororité » trouve tout son sens politique. Parce que si nous pouvons aujourd'hui écrire un livre qui porte ce nom et que cela vous parle, c'est parce que la dernière vague féministe post-#MeToo nous en a rappelé l'existence. Avant ça, la légitimité du mot « fraternité » à représenter les hommes *et les femmes* l'avait tout simplement fait disparaître de notre vocabulaire.

Un peu d'histoire. En 1789, alors que des figures comme Condorcet ou Olympe de Gouges s'engagent en faveur de la participation légitime des femmes à la citoyenneté républicaine, les révolutionnaires coupent rapidement court aux débats. *La Déclaration universelle des droits de l'homme et du citoyen* n'a alors d'universel que le nom, puisque les femmes et les colonisés en sont exclus. La devise de la France, « liberté, égalité, fraternité[7] », réalise même l'exploit de faire croire au caractère inclusif du mot

---

aux films, ce test doit respecter trois règles : faire figurer au moins deux personnages féminins qui parlent ensemble de sujets sans rapport avec les hommes.

7. Théorisée par Robespierre, elle ne sera adoptée qu'en 1848 et reprise dans la Constitution française qu'en 1958.

« fraternité », alors que les « non-frères[8] » que sont les femmes devront continuer à se battre longtemps pour conquérir les mêmes droits que les hommes : elles devront toujours démontrer qu'elles en sont dignes par leurs capacités et leur mérite, et toujours elles seront menacées d'en être exclues, n'étant que tolérées à l'intérieur d'une fratrie dont elles ne font naturellement pas partie.

Dans ces conditions, le mot « sororité », impropre à désigner l'universel[9] – contrairement au mot « fraternité » ennobli par son masculin dit « générique » –, survit dans une forme de clandestinité. Il ressurgit dans les années 1970, moins comme force de proposition que pour marquer la dissidence : le slogan « Liberté, égalité, sororité » devient l'étendard de la contestation, lorsque les féministes françaises de la deuxième vague cherchent un équivalent féminin à la fraternité. Elles se ressaisissent alors du mot « sororité », en s'inspirant des féministes américaines qui avaient déjà créé *sisterhood* pour faire pendant au masculin *brotherhood*. Mais

---

8. Réjane Sénac, *Les Non-Frères au pays de l'égalité*, Les Presses de Sciences-Po, 2017.

9. C'est ce qui permettra en 2017 à Raphaël Enthoven de retirer toute légitimité politique au mot « sororité », en intitulant sa chronique : « La sororité est à la fraternité ce qu'un club de supporters est à une nation » (Europe 1, 27 nov. 2017).

le MLF[10] investit surtout le mot « sœurs » qui permet de construire un « nous » dans lequel les femmes pourraient se reconnaître et se rassembler : en 1972, la revue *Le torchon brûle* encourage les femmes à rejoindre leurs sœurs dans ce qui deviendra d'abord l'hymne du mouvement[11], puis l'Hymne des femmes, au sein des rassemblements et des revendications post-#MeToo.

Ça n'est que lorsque le mot « sororité » est posé comme équivalent au mot « fraternité » qu'il permet d'envisager le pouvoir qu'il procure aux femmes. Sans ce mot, les combats des femmes restent isolés les uns des autres, dans le temps comme dans l'espace. On oublie que les droits des femmes ont été gagnés de haute lutte par les femmes elles-mêmes, et qu'elles se sont toujours rassemblées ou sont toujours descendues dans la rue pour crier leur colère contre les injustices de leur temps[12]. Sans ce mot, nulle place pour le pouvoir des femmes à l'intérieur de nos récits collectifs, de nos imaginaires comme de nos représentations. Quand la poétesse féministe

10. Mouvement de libération des femmes, créé en 1970.

11. « Seules dans notre malheur, les femmes / L'une de l'autre ignorée / Ils nous ont divisées, les femmes / Et de nos sœurs séparées. »

12. Pour aller plus loin dans l'histoire des mouvements de résistance et de lutte des femmes, voir Bibia Pavard, Florence Rochefort, Michelle Zancarini-Fournel, *Ne nous libérez pas, on s'en charge. Une histoire des féminismes de 1789 à nos jours*, La Découverte, 2020.

Robin Morgan publie en 1970 une anthologie de textes féministes sous le titre *Sisterhood is powerful*, elle ouvre la porte à la reconnaissance des femmes par elles-mêmes et du pouvoir que recèlent les collectifs de femmes.

Pourquoi alors le mot ne nous est-il pas resté ? Pourquoi l'avons-nous redécouvert avec #MeToo, comme exhumé de fouilles archéologiques ?

Tout simplement parce que, dans les années 1970, il ne concernait qu'un petit nombre de militantes féministes et d'intellectuelles et qu'il n'avait trouvé aucun ancrage dans la société. Il a fallu attendre #MeToo et sa déflagration de voix de femmes à travers le monde pour que, de voix en voix, le mot « sororité » se diffuse dans les oreilles, les têtes et les récits. La transmission du mot « sororité » n'est pas venue des livres mais d'une expérience collective inédite : les femmes se sont redécouvert une communauté de destins, par le relais de leurs #MoiAussi. Mais le mot est précaire et pourrait encore facilement disparaître de notre référentiel, comme il s'est évaporé dans de si nombreuses périodes de l'histoire. Certain·es aujourd'hui lui préfèrent le mot « adelphité[13] », qui peut paraître plus inclusif à notre sensibilité contemporaine qu'une sororité exclusive.

---

13. Terme issu du grec, plus neutre, qui regroupe à la fois la fraternité et la sororité.

Nous pensons pour notre part que la sororité n'implique pas l'exclusion des différences ni l'injonction à la ressemblance entre femmes. C'est un préliminaire, une condition, un socle. Sans sororité, pas de féminisme, pas de « nous », pas de force collective pour faire front contre le patriarcat qui partout, tout le temps, mine les femmes, les soumet et les tue.

Ce que nous voulons avec ce livre, c'est que plus jamais le mot « sororité » ne disparaisse de notre vocabulaire, de nos têtes et de nos récits. Nous voulons qu'il s'installe dans nos vies de femmes par l'engagement que nous prendrons les unes vis-à-vis des autres et par les actes que nous poserons les unes envers les autres.

Un mot peut changer des vies. Il peut parfois les sauver. Nous espérons que ce Pacte contribue à faire de la sororité le socle des relations entre femmes et qu'il leur donne l'espoir d'un avenir moins violent, plus égalitaire et plus juste.

NOUS SOMMES

LE PEUPLE

DES FEMMES

Michelle Dayan
avocate

Quel est le sens que vous donnez au mot « sororité » ?

Celui de la fraternité avec quelque chose en plus ! Un « plus » pour rattraper nos « moins » millénaires. La sororité, c'est parfois être seule ensemble, et parfois être toutes ensemble. C'est un engagement et une bienveillance. Un combat et une profonde humanité. Celle de la moitié du monde, au mieux oubliée, au pire violentée, bafouée, assassinée. La sororité, c'est à la fois un « Sésame, ouvre-nous le monde ! » et un « Tikoun Olam », c'est-à-dire une réparation du monde.

Racontez-nous un moment de votre vie où vous avez vécu une expérience de sororité et dites-nous ce qui vous a marquée.

Une salle d'audience correctionnelle traitant de violences conjugales. J'y assiste une de mes clientes, victime. Avant notre affaire, une femme témoigne à la barre contre son ex. Seule, sans avocat, sa voix est à peine un souffle et elle semble disparaître à elle-même.

La juge lui crie, ou plutôt lui aboie : « Plus fort, madame ! Si vous voulez que le tribunal vous écoute, il faut faire un effort ! » Apeurée, elle tourne la tête vers le banc où je suis assise. Nos regards se croisent, je lui souris et lui adresse un petit signe de tête l'encourageant à continuer. Sa voix se fait plus claire, elle n'est plus seule. Je me suis sentie plusieurs, rassemblée avec le reste du monde.

Mélissa Plaza

footballeuse et slameuse

Sœurs de sueur, sœurs de cœur

Ils nous ont divisées. Les hommes.
Si bien qu'on ne sait plus se multiplier.
On s'additionne,
Seulement.
Une.
Plus une.
Plus une. Plus une.
C'est lent.
Et parfois on se soustrait…
Par confort, par inconfort,
Ou par crainte d'une acuité qui esquinte.
Des raisons multiples. Multiples de sang…

Savoir faire peuple prend du temps.
Parce que c'est tout le contraire de ce qu'on apprend.
Joute, concours, rivalise !
Hey miss, case donc la jalousie dans tes valises.
Femmes cibles et regards en chiennes de faïence

On oublie l'essentiELLE
C'est que rien n'est impossible à qui sait faire alliance.

La nation des femmes,
Une équation à X milliards d'inconnues,
Un tohu-bohu de destins et de drames
Édulcorés en statistiques. Des chiffres.
Des chiffres, des chiffres qui giflent
Mais ne savent plus comment être cyniques.
On compte, on compte, pour ne plus prendre la mesure.
Mais comptons donc sur nous pour renverser cette dictature.
XX est notre dénominateur commun,
Et la sororité, elle, sera le seul, l'unique chemin.

Ils nous ont faites sœurs de sueur alors devenons sœurs de cœur.
Se voir, se reconnaître, se mouvoir et puis renaître.
Coller, clamer, réclamer. Aider nos têtes et nos corps à mieux panser.
Faire, se défaire, pour remettre enfin ce monde d'équerre.
S'épauler, se faire la courte échelle.

S’outiller pour mieux recalibrer nos cervelles.

Ils nous ont faites sœurs de sueur alors devenons sœurs de cœur.
Le cœur en abscisse et l’idéal en ordonnée
On fera de nos cicatrices des vieilles reliques pour les musées.
Fini les luttes parallèles, les ambitions décimales,
L’histoire dira que l’union de nos âmes ne connaît pas de pareille !

Alors, que la vague de résistance soit à hauteur de l’oppression,
Mesdames, il est l’heure de réviser nos tables de multiplication.

Les femmes partagent de façon universelle un destin commun : celui de la domination masculine.

Aucun pays dans le monde n'échappe à la misogynie[1]. S'il existe des sociétés matriarcales[2], elles se comptent sur les doigts d'une main. Elles ne forment d'ailleurs pas le pendant du patriarcat, car elles ne sont pas construites sur la domination des femmes sur les hommes. Il n'y a domination que lorsque les hommes dirigent. Leur spécificité repose surtout sur une transmission de la filiation par les mères – Françoise Héritier les appelait des sociétés « matrilinéaires ». Si de façon exceptionnelle, dans certaines de ces sociétés matriarcales, les femmes décident des règles de la vie en communauté, elles échappent rarement à la violence masculine. Lorsqu'elles y échappent, comme chez le peuple des Makhuwa au Mozambique, c'est parce qu'elles mettent en place un arsenal de règles destinées à réguler

1. Wikipédia définit ainsi la misogynie : c'est un sentiment de mépris ou d'hostilité à l'égard des femmes motivé par leur sexe.

2. Voir la série documentaire en quatre épisodes « Terres de femmes » d'Agnès Molia, production Arte France, Tournez s'il vous plaît, 2020.

les comportements des hommes et à se prémunir de leurs excès, de leurs violences ou de leur domination.

Le sexisme est donc, partout, la première des discriminations.

Il touche 50 % de la population mondiale. Si tous les milieux ne sont pas touchés par le racisme, le classisme, etc., ils le sont tous sans exception par le sexisme. Le simple fait de naître femme expose à des violences systémiques, quel que soit l'environnement. Notons qu'il est souvent demandé au féminisme de lutter, à juste titre, contre les autres formes d'oppression puisque les femmes peuvent les cumuler. Mais ne devrions-nous pas avoir la même exigence à intégrer la dimension des droits des femmes au sein des autres mouvements égalitaristes (qui luttent contre le racisme ou l'homophobie par exemple) ? Après tout, statistiquement, la moitié de leurs rangs sont concernés.

Les femmes sont parfois même touchées par ces violences misogynes avant leur naissance : il manque 117 à 126 millions de femmes en Asie et en Europe de l'Est qui auraient dû naître. Si en 1995 seulement 10 pays connaissent un déséquilibre entre les sexes, aujourd'hui il y a un excédent d'hommes dans plus de 20 pays[3]. Dans ces régions du monde, les embryons féminins sont

3. Joni Seager, *L'Atlas des femmes*, Robert Laffont, 2019.

avortés une fois détectés par une échographie ou féminicidés par négligence de soins ou de nourriture après leur naissance – en raison de la politique de l'enfant unique comme en Chine ou du poids de la dot comme en Inde.

Dans les pays occidentaux, si le fait d'attendre une fille ne pousse pas au féminicide, la préférence des parents va au sexe masculin. Aux États-Unis par exemple, les femmes sont 31 % à préférer avoir un garçon, 33 % une fille et 36 % sans préférence, ce qui est relativement équilibré si on compare ces résultats avec ceux des hommes : ils sont 49 % à préférer un garçon, 22 % seulement une fille et 28 % à ne pas avoir de préférence[4]. Ainsi, les parents, et notamment les pères, désirent davantage que leur enfant soit de sexe masculin.

La valeur que l'on accorde à une vie humaine est d'abord déterminée par le sexe de la personne.

Et naître dans un corps féminin est bien souvent une véritable malédiction.

Ces discriminations s'expriment avec plus ou moins d'intensité selon les pays, selon les cultures mais quel que soit leur mode d'expression elles reposent toutes sur la haine des femmes. C'est pourquoi nous pouvons parler de continuum des violences machistes.

---

4. Frank Newport, « Americans prefer boys to girls, just as they did in 1941 », Gallup, 2011.

Cela se traduit pour les femmes de façon très concrète. Elles sont :

- **tuées**

Toutes les 11 minutes, une femme ou une fille est tuée par un membre de sa propre famille (ONU Femmes, 2022). Près de 3 femmes sur 5 dans le monde le sont à la suite de violences infligées par leur partenaire ou un membre de leur famille[5].

- **violées**

650 millions de filles aujourd'hui en vie ont été mariées avant l'âge de 18 ans. Elles sont 7,5 millions à être mariées chaque année (UNICEF 2024).
Plus de 370 millions de filles et de femmes dans le monde ont subi un viol ou une agression sexuelle étant enfants (UNICEF 2024).

- **agressées**

1/3 des femmes dans le monde ont déjà subi des violences physiques et/ou sexuelles (OMS, 2021).

5. Estimations mondiales et régionales de la violence à l'encontre des femmes, OMS, 2013 ; Étude mondiale sur l'homicide 2019, ONUDC, 2019.

- **mutilées**

Au moins 200 millions de filles et de femmes de 15 à 49 ans ont subi des mutilations génitales le plus souvent avant l'âge de 5 ans[6].

- **négligées**

800 femmes meurent chaque jour dans le monde du fait de complications liées à la grossesse ou à l'accouchement (OMS, 2023), la majorité étant due aux manques de soins[7]. Le suicide est la première cause de mortalité chez les mères en post-partum[8].

- **contrôlées**

40 % des femmes dans le monde vivent dans des pays où la législation sur l'avortement est restrictive (Center for Reproductive Rights, 2024).
270 millions de femmes dans le monde n'ont pas accès à une méthode moderne de contraception (OMS, 2023).

---

6. Étude portant sur 30 pays qui disposent de données représentatives sur le sujet. Source : *Female Genital Mutilation: A Global Concern*, UNICEF, 2016.

7. https://www.ined.fr/fichier/s_rubrique/263/fichier.fiche.peda.mortalite.maternelle.monde.fr.pdf

8. Kathleen Chin, Amelia Wendt, Ian Bennett et Amritha Bhat, « Suicide and maternal mortality », *Current Psychiatry Reports*, 2022 ; 24(4) : 239-275 ; Alexandra Doncarli, Maud Gorza, Eugénia Gomes, Thierry Cardoso, Marie-Noëlle Vacheron, Nolwenn Regnault, *et al.*, « Suicide en période périnatale : données épidémiologiques récentes et stratégies de prévention », *Bulletin épidémiologique hebdomadaire*, 2023 ; (3-4) : 68-76.

• **discriminées**

10 % des chef·fes d'État dans le monde sont des femmes (ONU Femmes, 2024).
L'écart salarial entre les femmes et les hommes est de 20 % à l'échelle mondiale (Organisation internationale du travail, 2022). Dans près d'un pays sur deux, la loi ne prescrit pas une rémunération égale pour un travail de valeur égale entre les femmes et les hommes (Banque mondiale, 2024).
Seuls 4 % des flux d'aide au développement ont pour objectif de contribuer directement à l'émancipation des femmes (OCDE, 2020-2021).

Et la liste n'est pas exhaustive.

Les hommes ne manquent jamais d'idées pour allonger cette liste de l'horreur. À l'heure où nous écrivons ces lignes, les Afghanes ont désormais interdiction de se parler entre elles…

Si les raisons de l'universalité de la domination masculine interrogent encore, elles sont indéniablement liées au fait de naître dans un corps féminin. Selon Françoise Héritier, ces rapports hiérarchiques trouvent leurs origines dans l'observation des différences biologiques entre les sexes, notamment la capacité des femmes à donner naissance aux deux sexes. La paléoanthropologie moderne[9]

9. Pascal Picq, *Et l'évolution créa la femme*, Odile Jacob, 2020 ; Marylène Patou-Mathis, *L'homme préhistorique est aussi une femme*, Points, 2022.

corrobore cette thèse puisque les vestiges archéologiques semblent faire apparaître une dégradation des conditions de vie des femmes au paléolithique (vers 12000 av. J.-C.) avec l'avènement de la sédentarisation des peuples de chasseurs-cueilleurs (on note des traces de violences et de pénuries beaucoup plus fréquentes sur les squelettes féminins). L'appropriation des terres et la production de biens à cette époque auraient entraîné un besoin de contrôle de la filiation et donc pour les hommes un besoin de contrôle du ventre des femmes. Comme le dit l'historienne Christelle Taraud, tout au long de l'histoire humaine, « les femmes ne sont pas seulement des individus, ce sont des *territoires*. La femme a probablement été la première colonie de peuplement de l'Histoire[10] ».

Il y aurait donc plus de dix mille ans que les femmes, de génération en génération, vivent la domination masculine et les violences qui vont avec. Les femmes portent en elles les séquelles des traumatismes de leurs aïeules en même temps que les leurs. Les études sur la transmission des traumatismes indiquent que cela peut se faire inconsciemment via des attitudes ou des discours, mais aussi par l'épigénétique qui exposerait les descendants des victimes à des troubles psychologiques

10. « Le cours de l'histoire », France Culture, 22 nov. 2022.

et à une vulnérabilité accrue au stress[11]. Bien entendu, cela ne veut pas dire que toutes les femmes souffrent de traumatismes aigus mais plutôt qu'elles partagent avec plus ou moins d'importance le poids physique et/ou psychologique de ce sort commun.

C'est d'ailleurs pour cela que le mot « féminisme » est essentiel, plutôt qu'antisexisme comme nous l'entendons souvent rétorqué : il permet la reconnaissance du fait que ce sont les femmes qui sont victimes de violences patriarcales. Il agit comme une boussole qui identifie de quel côté de l'humanité se trouvent les agresseurs et les agressées.

Ainsi, la moitié de la population mondiale est victime du patriarcat. Cela signifie, pour reprendre les mots d'Andrea Dworkin[12], que « le sort de chaque femme – quelles que soient ses opinions politiques, sa personnalité, ses valeurs ou ses qualités – est lié au

---

11. Nikolaos Daskalakis *et al.*, « Intergenerational trauma is associated with expression alterations in glucocorticoid- and immune-related genes », *Neuropsychopharmacology*, 2021 ; Mallory Bowers et Rachel Yehuda, « Intergenerational transmission of stress in humans », *Neuropsychopharmacology*, 2016 ; « Holocaust exposure induced intergenerational effects on FKBP5 methylation », Rachel Yehuda *et al.*, *Biological Psychiatry*, vol. 80, Issue 5, 372-380.

12. Andrea Dworkin, *Les Femmes de droite*, Montréal, Les Éditions du remue-ménage, 2012.

sort de l'ensemble des femmes, que cela lui plaise ou non ». Et cela, même avec celles qu'elle n'apprécie pas personnellement ou qu'elle déteste sur le plan politique et moral.

> Cela signifie, par exemple, que le viol est une menace pour les femmes communistes et fascistes, libérales, conservatrices, démocrates et républicaines, les femmes racistes et les femmes noires, les femmes nazies et les femmes juives, les femmes homophobes et les femmes homosexuelles. [...] Être féministe, c'est reconnaître que l'on est associée à toutes les femmes, non par choix mais de fait, un fait créé par le système de classes de sexe.

Le discrédit d'ailleurs régulièrement jeté sur le féminisme est significatif des tentatives de retirer aux femmes les outils leur permettant de se penser en tant que classe et de lutter ensemble contre les inégalités qu'elles subissent. Le féminisme étant sans cesse remis en question, il n'apparaît pas comme un courant de pensée légitime : c'est bien que l'égalité entre les femmes et les hommes ne va pas de soi. Il est intéressant de noter que là où nous posons systématiquement la question de qui est « féministe », on ne pose jamais la question de qui est « antiraciste » (ce qui ne veut pas dire que le racisme n'existe pas, là n'est pas notre propos).

De même, on accepte les propos ou les représentations dégradantes et les appels à la haine envers les femmes, alors que nous les jugeons inadmissibles lorsqu'ils concernent d'autres populations discriminées (en raison de leur couleur de peau, de leur religion ou de leur origine ethnique par exemple). Il suffit de se pencher sur les nombreuses productions culturelles, comme le cinéma ou la musique, avec le rap[13], le black metal, etc., pour constater que les atteintes à la dignité et à la sécurité des personnes ne sont pas dénoncées lorsque cela concerne uniquement les femmes. Cette tolérance culturelle témoigne du fait qu'à partir du moment où des hommes font partie d'un groupe d'opprimés, il est globalement moins acceptable de remettre en question son existence, la légitimité de ses luttes et bien entendu de participer ouvertement à ses discriminations. Tout cela contribue et révèle en même temps le peu de valeur accordée à la vie des femmes dans nos sociétés.

Ce manque de valeur s'est notamment construit sur la non-reconnaissance de l'existence des femmes en tant qu'êtres humains. Comme le disait Simone de Beauvoir (1908-1986) : « L'humanité est mâle et l'homme définit la femme non en soi mais relativement à lui ; elle

13. https://www.instagram.com/lederapeur/

n'est pas considérée comme un être autonome[14]. » Ainsi **les femmes sont les fantômes de l'histoire de l'humanité**. En 1974, les historiennes Michelle Perrot, Fabienne Bock et Pauline Schmitt intitulaient un séminaire à l'université Paris-VII : « Les femmes ont-elles une histoire ? » C'était la première fois que la question était posée en France. Et quelle question ! Si les femmes n'ont pas d'histoire, c'est qu'elles n'ont pas existé, qu'elles n'existent pas. Or l'historienne Éliane Viennot[15] a montré dans ses travaux qu'elles avaient été invisibilisées en étant effacées des livres d'histoire.

Oui, dit comme cela, on a du mal à y croire, et pourtant… Au fil des siècles, l'humanité n'a été pensée qu'à travers la réalité de la moitié de la population : les hommes. L'Histoire a seulement retenu le nom de quelques femmes isolées çà et là, comme des îles au milieu d'un océan d'hommes. Le patriarcat a tout à la

14. Simone de Beauvoir, *Le Deuxième Sexe*, tome 1, Gallimard, 1949.

15. Éliane Viennot, avec Odile Krakovitch et Geneviève Sellier (dir.), *Femmes de pouvoir : mythes et fantasmes*, L'Harmattan, 2001 ; *La France, les femmes et le pouvoir*, vol. 1, 2 et 3, Perrin, 2006, 2008 et 2016 ; vol. 4, CNRS éditions, 2020 ; avec Nicolas Mathevon (dir.), *La Différence des sexes*, Belin, 2017 ; *Non, le masculin ne l'emporte pas sur le féminin !*, Éditions iXe, 2017 ; *La Querelle des femmes ou « N'en parlons plus »*, Éditions iXe, 2019 ; *En finir avec l'homme : chronique d'une imposture*, Éditions iXe, 2021.

fois créé les conditions de l'ostracisation des femmes et effacé des mémoires les liens qu'elles avaient pu créer entre elles. Comment, dans ces conditions, permettre aux femmes de se penser en tant que compagnes de destin ? Quels effets cela aurait produits dans nos imaginaires de femmes si nous avions pu nous aussi nous rassembler autour de la reine Arthurine à la Table ronde, être des mousquetaires soudées pour assurer la protection des reines de France, construire la pensée philosophique autour d'un banquet dans la Grèce antique et la politique en formant une assemblée pendant la Révolution française au Jeu de paume ? Les femmes se construisent sans ces récits qui leur permettraient à elles aussi de savoir que, lorsqu'on se rassemble entre semblables, on peut créer des liens qui changent le monde.

Il saute alors aux yeux à quel point toutes les femmes dans le monde sont à la fois liées et en même temps isolées les unes des autres par le patriarcat.

Nous n'avons d'autre choix pour le moment que de faire un travail en conscience pour fabriquer des liens entre femmes et construire la sororité. Cela signifie que nous devons toutes avoir à l'esprit que **lorsque nous rencontrons une femme, nous sommes face à une personne imprégnée par l'histoire du patriarcat**. Demandons-nous :

qu'a-t-elle traversé en tant que femme ? De quelles violences ou discriminations a-t-elle été victime ? Quelles traces cela a-t-il laissées en elle ? Qu'ont vécu sa mère et sa grand-mère ? Quels traumatismes transgénérationnels porte-t-elle en elle ? Pensons également à sa résilience, aux forces qu'elle a certainement dû déployer pour passer à travers ces épreuves, au fait qu'**en cela elle est une héroïne**.

Faire ce travail de réflexion lorsqu'on est en présence d'une autre femme permet de reconnaître en elle son humanité mais aussi notre semblable. Avoir ce réflexe développe notre empathie et peut donc nous permettre de dépasser nos différends, d'être attentive à ce qu'elle vit, lui porter secours si besoin, se montrer bienveillante envers elle, partager ses réussites : en somme, développer entre femmes les liens nécessaires à la constitution d'un peuple de sœurs. « Alors que nos traumatismes sont censés être ce qui nous isole, avec la sororité ils deviennent ce qui nous lie[16]. »

16. Silvia Lippi, Patrice Maniglier, *Sœurs. Pour une psychanalyse féministe*, Seuil, 2023.

PAS DE HAINE
ENTRE SŒURS !

Éliane Viennot
historienne

La sororité présente, pour les féministes, un endroit et un envers.

L'endroit, c'est le soutien apporté aux autres femmes, parce qu'elles sont des femmes, soutien jamais acquis d'emblée, tant nous manquons d'éducation à la solidarité entre filles. Lorsqu'elles sont engagées dans les mêmes combats que nous, ça tombe sous le sens – ou du moins ça devrait (on n'y pense pas toujours). Lorsqu'elles y contribuent d'une manière qui n'est pas la nôtre, c'est plus compliqué. Il faut d'abord admettre que toute femme qui bouscule la domination masculine, quelle que soit la profondeur de sa réflexion ou l'objet de son action, se situe dans notre camp. Les jeunes filles qui persistent à montrer leur nombril sont nos sœurs.

L'envers de la sororité, c'est de ne pas traiter comme nos pires ennemies celles qui prennent la défense des machos et du patriarcat. Elles aussi en sont des victimes. Elles aussi sont nos sœurs – déprimantes. Même s'il convient de les combattre, il faut le dire, et en tenir compte.

Cynthia Illouz
vice-présidente d'ONU Femmes France

La sororité : un acte politique et un pouvoir collectif.

La sororité, c'est une puissance qui se manifeste lorsque des femmes choisissent, en conscience, de s'allier plutôt que de se diviser, de se soutenir plutôt que de rivaliser. Comme l'affirme la journaliste américaine Gloria Steinem : « La révolution féminine consiste à reconnaître que nous sommes sœurs et que nous partageons des histoires communes. » Cette idée de communauté brise les murs invisibles érigés entre nous, qu'ils soient fondés sur la classe, la race, l'âge ou la religion. C'est un acte politique mais aussi un engagement quotidien : écouter sans juger, donner de la voix pour défendre une injustice, ou simplement dire « je te crois » à une femme qui partage sa douleur.

Personnellement, j'ai grandi dans une pension de filles, la Légion d'honneur ; déjà cette sororité me permettait de m'épanouir, d'apprendre, d'avancer en confiance. Aujourd'hui encore, les femmes qui m'entourent, les inconnues qui me livrent leur expérience, sont une source de motivation pour porter quotidiennement le sujet de l'égalité femmes-hommes.

Parce qu'ensemble nous bâtissons un monde où les femmes ne marchent plus seules, mais côte à côte.

Les femmes sont capables de violence.

Sur cette question il n'y a pas de déterminisme lié à notre sexe. De la même façon, les hommes peuvent être pacifiques, et heureusement ! Sinon à quoi serviraient les lois, l'éducation et… le féminisme ?

Les violences entre femmes s'expriment souvent dans le milieu professionnel ou sur les réseaux sociaux. C'est une violence qui est difficile à quantifier, à circonscrire mais qui est souvent vécue et rapportée par les femmes elles-mêmes. Et ce n'est pas un hasard. En effet, on pourrait s'attendre à ce que les dominées tentent d'exercer leur violence sur les dominants. Mais le système d'oppression organise la division entre discriminés et ne permet pas les conditions d'une révolte massive – d'ailleurs, si cette révolte devait advenir, les femmes n'utiliseraient peut-être pas la violence codée au masculin…

Les explications sont multiples et s'expriment dans différents espaces :

Dans le monde professionnel tout d'abord, parce que les places y sont rares et chères pour les femmes.

En effet, elles n'occupent que 38 %[1] des postes à responsabilités, alors qu'elles sont plus diplômées que les hommes[2]. Parce que les règles du jeu sont encore celles des hommes, elles doivent « endosser le costume » pour s'intégrer. Les femmes sont alors obligées d'adopter des codes et comportements d'autorité masculins qui ne collent pas avec les attentes stéréotypées qu'on a à leur égard : elles passent alors pour hargneuses, hystériques ou agressives, là où les mêmes comportements font passer les hommes pour charismatiques ou audacieux. Elles ne maîtrisent souvent pas ces règles tacites fondées sur la compétition et la domination qui les poussent à adopter des comportements « passifs-agressifs », à se durcir, à s'imposer, à écraser les autres... en complet décalage avec les valeurs qui les ont construites en tant que femmes[3]. Nous pensons aussi au parcours de combattante qui les attend si elles veulent progresser dans le milieu professionnel, auquel s'ajoute le poids des responsabilités familiales et domestiques qu'elles assurent

1. Grant Thornton, Baromètre « Women in Business », 2024.

2. Vanessa Di Paola, Dominique Épiphane, Julio Del Amo, « Inégalités de genre en début de vie active, un bilan décourageant », *Céreq Bref*, n° 442, 2023.

3. Élisabeth Cadoche, Anne de Montarlot, *En finir avec la rivalité féminine*, Les Arènes, 2022.

à hauteur de 72 %[4]. Ce combat quotidien peut conduire certaines femmes à développer ce qu'on appelle le syndrome de la « reine des abeilles », en maintenant les autres femmes autour d'elles en position subalterne. Si elles en ont bavé, il n'y a pas de raison pour que ce ne soit pas la même chose pour les nouvelles arrivées !

Dans les métiers très féminisés, il est souvent rapporté une violence accrue entre femmes, par exemple dans les métiers de l'éthique du *care*. Ce sont des secteurs peu valorisés sur le marché du travail avec des rémunérations qui sont, à compétence et pénibilité égales, inférieures à celles des filières dites masculines[5]. Si ces écarts sont significatifs, c'est bien que le travail des femmes – donc les femmes – a moins de valeur : d'ailleurs, à poste égal, nous voyons bien aujourd'hui que l'écart de salaire… est toujours de 4 % en France[6] quand l'égalité salariale est inscrite dans la Constitution depuis 1946 et la loi depuis 1972… cherchez l'erreur !

Ce qui est clair, c'est que le manque de reconnaissance et de valeur accordé par la société à un groupe

4. Lucile Quillet, *Le Prix à payer. Ce que le couple hétéro coûte aux femmes*, Éd. Les liens qui libèrent, 2021.

5. Rachel Silvera, *Un quart en moins. Des femmes se battent pour en finir avec les inégalités de salaire*, La Découverte, 2014.

6. Insee, Données 2021, Observatoire des inégalités.

participe au dénigrement de ses membres entre eux. Dans les métiers dits de l'éthique du *care* (travail social, soins), les femmes se retrouvent dans un principe de communauté non choisie. Ce n'est sans doute pas la meilleure méthode pour faire advenir la sororité. Dans ces espaces règne le plus souvent le soupçon-par-principe. Les femmes, pressurisées au quotidien pour des salaires insuffisants, se soudent tout autant qu'elles se jugent et sont inquiètes par rapport aux rôles ou aux privilèges potentiels des autres. Il faut dire aussi que c'est un espace professionnel féminin qui essentialise fortement les femmes : de nourricières et soignantes dans la sphère domestique, voilà qu'on les renvoie au monde des enfants et du soin à l'autre, en vertu de qualités qui seraient féminines. Travailler en étant invisibilisée, peu voire pas considérée, conduit à la fois à une faible estime de soi et des autres par ricochet, comme dans un jeu de miroirs délétère.

Un autre lieu de prédilection de l'expression de la violence des femmes entre elles, ce sont les réseaux sociaux. Ces espaces reposent beaucoup sur la promotion de l'image. Or, la valeur qui est accordée aux femmes dans la société repose en premier lieu sur leur apparence physique et sur leur attractivité dans le regard des hommes. Cela permet par exemple à certaines de construire des empires grâce au seul fait d'exposer leur corps (comme Kim Kardashian ou la top model Gisele Bündchen). Si les femmes ont le malheur de vieillir, elles deviennent invisibles (dans les médias, les films, certains secteurs professionnels) : c'est bien connu, avec l'âge les hommes s'embellissent quand les femmes dépérissent. Pour conserver leur valeur, ces dernières sont (sur)exposées aux critères de beauté (intenables) vers lesquels elles doivent tendre, bien souvent au détriment de leur santé. Cette « maladie de la beauté[7] » fait perdre à l'immense majorité des femmes leur temps, leur argent, leur énergie et les empêche de se concentrer sur d'autres dimensions de leur existence.

L'autre aspect pervers est la compétition que cela génère entre les femmes[8]. Ces standards de beauté inatteignables les mettent en insécurité – elles ne se sentent jamais assez belles, assez tendance, assez validées –, ce qui les pousse à la comparaison, à la jalousie… à la violence. Les victimes de cette dérive peuvent être les femmes qui répondent aux injonctions patriarcales, comme les « bimbos » qui s'habillent de façon très sexy. Notons que cette démarche est parfois présentée comme émancipatrice pour les femmes qui ne

---

7. Renee Engeln, *Beauty Sick: How the Cultural Obsession with Appearance Hurts Girls and Women*, Harper Paperbacks, 2018.

8. Racha Belmehdi, *Rivalité, nom féminin*, Favre, 2022.

font pourtant que répondre aux diktats patriarcaux en objectifiant leur corps. Cette stigmatisation des femmes en raison de leur apparence, mais aussi de leur disponibilité sexuelle perçue ou de leurs comportements sexuels réels ou supposés, est ce qu'on appelle le *slut shaming* ou le *woman hating* pour utiliser une terminologie qui ne reprend pas de terme misogyne[9]. Mais le dénigrement des femmes envers leurs semblables se porte également sur celles qui ne répondent pas aux injonctions de la beauté hétéronormée : celles qui sont considérées comme trop grosses, trop vieilles, trop laides... Ce mécanisme permet alors une rassurance de sa valeur dans la comparaison avec les autres.

En réaction, pour se valoriser auprès des hommes, certaines femmes mettent en avant le fait qu'elles sont différentes de leurs semblables, qu'elles ne sont pas « comme toutes ces filles ». C'est-à-dire qu'elles n'adopteraient pas les codes féminins considérés comme méprisables (une sexualité libre, une apparence physique trop *girly*, une attitude trop maniérée, etc.). Par ce comportement, ces femmes, appelées des « *pick me* »

---

9. Margot Goblet et Fabienne Glowacz, « Le *slut shaming* : étude qualitative d'une forme de sexisme ordinaire dans le discours et les représentations d'adolescents », *Enjeux et société*, vol. 8, n° 1, 2021, p. 249-276.

(« choisis-moi »), participent au dénigrement d'autres femmes et de ce qui est considéré comme féminin.

Enfin, nous pouvons évoquer la morale qui s'applique plus sévèrement aux femmes pour un même acte. Par exemple, dans les situations de tromperie, elles sont jugées plus durement, même par les autres femmes, et ne reçoivent pas autant d'empathie et d'indulgence que si elles avaient été des hommes.

Ainsi, le patriarcat est un piège qui détruit la sororité par la rivalité féminine et nourrit la haine entre femmes, quelles que soient les stratégies qu'elles adoptent pour tenter d'y échapper.

Il est essentiel d'avoir à l'esprit que montrer du doigt, exposer d'autres femmes pour les condamner aux yeux de la société, n'est pas anodin. En effet, que ce soit dans la vraie vie ou sur les réseaux sociaux, les risques de harcèlement, de menaces de mort ou de viols sont beaucoup plus élevés pour une femme que pour un homme. Cela revient à la jeter en pâture à la misogynie : ainsi 73 % des femmes ont déjà été victimes d'agressions en ligne[10].

Si le fait de pointer du doigt une autre femme peut avoir pour but de se mettre en avant, cela peut aussi

10. *Vie publique*, « Internet, réseaux sociaux : 73 % de femmes victimes d'agression en ligne », 2018.

être fait pour désigner une autre cible que soi. En effet, les femmes savent qu'elles appartiennent au peuple des potentielles victimes. Diriger la violence sur d'autres pourrait ainsi les épargner. Par conséquent, il arrive que les femmes s'allient avec leurs bourreaux. Et cela même dans les situations les plus graves. Comme, par exemple, pour celles qui ont participé à la condamnation des 20 000 femmes tondues pour « collaboration avec l'ennemi » au lendemain de la Seconde Guerre mondiale[11]. Ainsi, se tenir aux côtés des dominants, respecter leurs règles et participer à leur système permettrait d'échapper à leur châtiment. Nous pouvons comprendre que cela soit parfois le choix de certaines face au sort réservé au sexe féminin. Comme le dit Andrea Dworkin, « les femmes tentent de se protéger en sacrifiant *certaines* femmes, mais la seule protection pour n'importe quelle femme est la liberté pour toutes les femmes[12] ».

Nous pourrions donc penser légitimement que les choses sont un peu différentes dans les milieux féministes qui dénoncent les violences misogynes. Que, de fait, il serait antinomique que certaines femmes

11. https://museedelaresistanceenligne.org/media4074-Les-tondues-de-Chatou

12. Andrea Dworkin, *Les Femmes de droite*, *op. cit.*

se revendiquant féministes exercent des violences sur d'autres féministes.

Malheureusement, il n'en est rien. Les agressions entre militantes ne cessent de se multiplier et sont de plus en plus graves allant aujourd'hui jusqu'aux menaces de mort. Si bien que nous pouvons, à juste titre, nous poser cette question : le 8 mars, journée internationale des droits des femmes, est-il devenu le jour le plus dangereux pour les féministes ?

Comme nous l'évoquions dans l'introduction, depuis quelques années, il ne se déroule pas une manifestation pour les droits des femmes sans menaces, agressions verbales et physiques entre militantes. Si l'abolition de la prostitution et le port du voile sont des sujets au cœur de ces tensions depuis déjà de nombreuses années, se sont ajoutés plus récemment ceux de la pornographie, de la dénonciation des violences sexuelles perpétrées par des groupes religieux extrémistes (celles du Hamas le 7 octobre 2023 par exemple), de la GPA ou encore de la transidentité.

Les femmes qui défilent le 8 mars (ou le 25 novembre) pour leurs droits, notamment celui de vivre en sécurité, se voient pour certaines insultées (de « sales putes », de « sales féministes »), arracher leurs pancartes, agressées physiquement (avec des gifles, des coups de poing et de pied), être la cible de projectiles (des œufs), et sont même menacées de mort (menaces souvent taguées sur les murs des rues). S'il arrive que ces violences soient perpétrées par des hommes, elles le sont dans l'immense majorité par des femmes.

Le but ? Faire taire les femmes qui ont des points de vue divergents en les terrorisant.

Ces méthodes sont les mêmes que celles utilisées dans les pires États misogynes.

Et cela fonctionne puisque certaines féministes ne vont plus manifester par peur d'être agressées.

Nous nous retrouvons alors dans cette situation absolument ubuesque : au nom du féminisme – courant intrinsèquement pacifiste –, certaines militantes commettent donc sur d'autres femmes les violences qu'elles dénoncent. Au nom de la pureté militante, l'intolérance devient légitime. Il est alors autorisé de tourner le dos aux principes démocratiques qui ont permis aux femmes de faire valoir leurs droits : la liberté d'expression et de pensée. Au nom du féminisme sont adoptées des méthodes fascistes, c'est-à-dire autoritaires, arbitraires, violentes et dictatoriales.

Jamais les femmes ne se sont comportées comme cela envers leurs ennemis de toujours : les masculinistes. Parce que, oui, le féminisme s'est toujours attaqué aux idées, jamais aux personnes directement. Il a réussi une révolution – permettre aux femmes de gagner les mêmes droits que les hommes – sans verser une seule goutte de sang. L'arme des féministes a toujours été la pensée. Elles ont convaincu, fait évoluer les mentalités pas à pas : parce que sans ce préalable il ne peut y avoir de changement sincère et durable. Même face aux pires arguments, aux pires insultes et humiliations des défenseurs du patriarcat, elles n'ont jamais agressé ou menacé de mort qui que ce soit.

Cette exigence et cette éthique sont difficiles à garder, surtout sur des sujets aussi importants. L'envie de faire taire les personnes qui ne pensent pas comme nous peut être très forte. Mais souvenons-nous que la liberté de penser et de s'exprimer est un de nos biens les plus précieux. Montaigne disait : « Il n'y a pas une idée qui vaille que l'on tue un homme », ajoutons « ou une femme ». Vouloir tuer au nom de l'humanisme parce qu'on pense être dans le camp « du bien » prouve de fait qu'on est dans le camp de l'obscurantisme.

Il est donc de notre devoir en tant que féministes de refuser toute forme de violence envers les femmes, pour quelque raison que ce soit, qu'elle vienne des hommes ou des femmes, voire des féministes. Sinon nous ne sommes pas féministes.

Nous devons avoir l'exigence d'analyser d'où vient cette volonté de nuire à nos pairs avec parfois plus de virulence qu'envers nos ennemis de toujours : les hommes misogynes. Ne sommes-nous pas, nous aussi, à ce moment-là, gagnées par cette misogynie que l'on voudrait faire passer pour du féminisme ? D'où vient cette haine qui nous fait perdre notre humanité, notre sens critique, notre raison ? À qui profite le crime ? Au service de quelle pensée nous mettons-nous lorsque nous nous adonnons à la violence envers nos semblables ?

Nous devenons sans aucun doute les soldates de la domination masculine. Nous nous faisons les agentes du mépris des femmes et du féminin. Nous crachons sur les autres femmes la misogynie que nous avons intégrée. Nous servons la cause de nos bourreaux. Ils n'ont alors pas besoin d'être présents puisqu'en leur absence nous nous chargeons de leur vile besogne.

Quand nous manquons de sororité, c'est le patriarcat qui gagne, qu'on le veuille ou non.

Combattons des idées, jamais nos sœurs.

UNE ARME
DE CONSTRUCTION MASSIVE,
LA SORORITÉ-RACINE

Hélène Devynck
journaliste et écrivaine

Sororité.

Longtemps, j'ai été femme d'écrivain. L'écrivain écrivait ma vie dans la sienne. Il choisissait ce qui lui semblait valoir la peine d'être retenu dans mes joies, mes chagrins et mes deuils. Il a fait un livre de la mort de ma sœur, ma petite sœur, tuée à la trentaine par une maladie de femme, celle qui s'installe dans les seins.

Il n'y a pas de mot pour dire qu'une sœur est morte. On n'est pas orpheline de sœur. On est dépecée d'une part d'enfance. On devient bancale. Il manque pour toujours un appui, des rires et des disputes, quelqu'un qui vous connaît et que vous connaissez comme personne, le témoin d'une vie.

Un divorce plus tard, assurée que je n'étais plus la propriété littéraire d'un autre, je suis devenue l'autrice de ma propre vie. Dit comme ça, ça ressemble à un slogan de programme de développement personnel. C'est à prendre au premier degré : de personnage, je suis devenue écrivaine. Pour tous ceux qui vous enferment dans la passivité supposée des femmes, l'affaire relevait de l'opération de sorcellerie. En réalité, il n'y a pas eu de potion magique, mais le soutien d'un filet tissé de sororité. Des femmes, des sœurs par dizaines, qui m'ont portée quand j'étais à terre, qui ont séché mes larmes, qui m'ont relevée à force d'attentions, qui m'ont écoutée et crue, qui m'ont aidée. Elles ne comblent pas le vide de ma sœur perdue. Elles ne seront jamais le témoin d'une enfance. Mais elles savent. Elles savent quelque chose que les femmes partagent, le goût de la gaieté, la force d'être ensemble et l'autorisation d'être soi.

Najat Vallaud-Belkacem
ancienne ministre et présidente d'ONG

Je crois que ce qui donne sa force au terme « sororité » par rapport à celui plus neutre de « fraternité », c'est précisément de prendre conscience de ce que les femmes évoluent dans un univers contraint et brutal. Toutes les femmes. Certaines plus encore que d'autres, bien sûr. Mais, croyez-moi, toutes les femmes. Et que face à cette forme de fatalité, il n'y a pas d'issue sans compréhension de notre commune condition et sans arrimage solide des unes aux autres. Je préfère cette expression à celle plus classique de solidarité. L'arrimage, c'est plus que de l'empathie et du soutien. C'est être avec, c'est être dans, c'est faire corps.

C'est la reconnaissance d'une communauté de destins que nous devons assumer ensemble pour pouvoir la transcender. Cela implique non seulement de se soutenir mutuellement, mais aussi de comprendre que la réussite de chacune est intrinsèquement liée à la réussite collective. Comme les piliers d'un même édifice, en formant un corps unique. C'est dans cet arrimage que la sororité trouve sa force, car c'est un acte d'unité, un choix conscient de faire front ensemble pour résister aux inégalités, assumées comme insidieuses, mais surtout aux pressions sociales, institutionnelles, culturelles, dont on n'a pas toujours conscience à l'échelle individuelle.

Je constate souvent que la sororité émerge de manière spontanée et naturelle, dès lors qu'ont été créées des conditions favorables à son éclosion.

Atomisées chacune dans son couloir, les femmes ne se pensent pas spontanément en collectif et en sororité. Mais dès lors que se crée un cadre, qu'il s'agisse d'un réseau féminin ou d'une simple boucle WhatsApp, chacune semble renouer avec ce qui semble une évidence venue de la nuit des temps et du fond des tripes : se mobiliser immédiatement lorsque l'une d'entre elles se trouve en difficulté. Dès lors qu'une situation critique se présente, le groupe réagit comme un organisme vivant, où chacune devient un soutien actif, prête à donner de son temps, de ses ressources, de son énergie pour l'autre. J'en ai fait mille fois l'expérience, notamment parce que j'appartiens à plusieurs réseaux exclusivement composés de femmes, où les échanges sont constants, qu'il s'agisse de conseils, d'idées, de retours d'expérience ou d'alertes sur des opportunités.

Donc, comment renforcer la sororité ? Simplement en la nommant, en la reconnaissant, en la visibilisant :

le simple fait de l'énoncer la libère. Alors, créons-lui des lieux pour lui permettre de se déployer. Des lieux physiques ou virtuels, dans tous les écosystèmes, personnels, professionnels, politiques ou médiatiques. Il n'y en aura jamais trop, car nous débordons de cette énergie vitale qui se renouvelle à la chaleur humaine.

Dire que la sororité est une arme, reprendre un vocabulaire belliqueux, peut sembler étrange. Pourtant, si nous pouvons dire que la sororité est une arme, c'est parce qu'elle s'est souvent construite autour des luttes et des combats des femmes. Ce que nous souhaitons défendre avec ce Pacte, c'est une autre vision de la sororité. Une sororité pacifique – et non hostile –, constructive – et non réactive –, radicale – et non opportuniste.

C'est ce que nous avons appelé **la sororité-racine**.

Celle qui naît et se développe à l'intérieur de ces communautés de femmes fleurissant un peu partout dans le monde en réponse aux freins et aux violences des sociétés patriarcales : dans ces îlots de sororité, des femmes construisent des modèles de vivre-ensemble où elles décident de leurs propres règles, développent bien souvent des rapports plus respectueux au vivant et à la nature, vivent leur besoin de non-mixité en se mettant à l'écart sans pour autant se couper du monde.

Au Kenya par exemple, dans la région de Samburu, des femmes ont créé leur propre village depuis les années 1980 pour fuir l'excision et les violences conjugales si courantes dans leur pays. En Pologne, des citadines contrent les injonctions et interdits religieux, en rejoignant des cercles de femmes rurales, avec lesquelles elles tissent des relations d'entraide et de partage. Dans le nord de l'Inde, les femmes se sont organisées en réseaux pour diffuser leur connaissance des techniques ancestrales de récupération des eaux de pluie et sauver leur village des sécheresses, tout en s'émancipant de l'autorité des hommes. En Guadeloupe, à la suite de la pollution des sols par le chlordécone, des femmes ont constitué des associations d'entraide pour recréer des terres saines et renouer avec le jardin créole qui préserve la biodiversité[1].

Au-delà des combats pour la préservation du vivant et contre les privations de libertés, ces espaces sont des *safe places* pour les femmes. Car entre femmes, pas de violences sexistes ni sexuelles, contrairement aux communautés mixtes qui n'en sont malheureusement pas exemptes. C'est bien souvent pour elles une façon de reprendre leur souffle, de retrouver leur créativité, de

---

1. Voir la série documentaire en quatre épisodes « Terres de femmes » d'Agnès Molia, production Arte France, Tournez s'il vous plaît, 2020.

panser leurs blessures, de reprendre confiance, d'imaginer d'autres possibles.

Dans un monde où on nous fait croire depuis toujours que les guerres et les pires horreurs sont inéluctables, ces communautés peuvent sembler utopistes, naïves et irréalistes. Or, nous pensons, nous, que les liens apaisés qui se développent à l'intérieur de ces sociétés devraient être la norme. Ces femmes sont des pionnières. Elles nous montrent de façon concrète et pragmatique que grâce à la sororité-racine, faire société peut reposer sur d'autres modèles, non seulement désirables mais possibles. Et si la sororité permettait d'ériger les femmes et le féminin en exemples, à suivre pour l'humanité tout entière ?

Voilà notre arme de construction massive.

Oui, nous le voyons, la sororité-racine est bel et bien une arme puisqu'elle « attaque » toutes les dimensions du patriarcat : historique, politique, géographique, sociale. Elle nous permet de nous inscrire dans le droit fil des femmes avant nous, en lien avec nos contemporaines et en espérance des femmes à venir. Cette arme de construction massive de lien, de vivant, de réel, est un cercle vertueux. C'est le début d'un possible, parce que par principe elle est transgressive. Oui, se reconnaître dans le Peuple des femmes, se parler, se visibiliser mutuellement, recréer le monde selon d'autres règles, transgresse le patriarcat dans son expression quotidienne.

C'est un outil dont il suffit de se saisir. L'attraper à pleines mains, à plein cerveau, à plein cœur dans certaines situations. Il suffit d'avoir le déclic. Il suffit d'un rien pour que nous nous y mettions. Pour une fois, le mot existe pour décrire ce possible. Il n'est pas à retrouver, ni à inventer. Il est à *inviter* dans le réel. Car il nous permet d'exister face au nombre, et nous aussi, de faire nombre.

Et vous, dans vos vies, comment pouvez-vous vous en emparer ?

Et si le lien sorore devenait votre obsession ?

Partout où nous pouvons faire lien avec nos sœurs, ne nous privons pas. Apprenons à créer des espaces de sécurité, d'écoute, de bienveillance et de partage. Découvrons comment ne pas être d'accord sans rompre nos liens, « sans violence et sans terreur[2] ». Faisons en sorte qu'entre femmes, nous n'ayons plus rien à craindre. Cherchons à développer nos liens, à les agrandir, à les déployer et à les multiplier.

---

2. Victoire Tuaillon, *Le Cœur sur la table*, le podcast cité par Johanna Cincinatis, *Elles vécurent heureuses. L'amitié entre femmes comme idéal de vie*, Stock, 2024.

Dans votre quotidien, nous vous proposons trois idées toutes simples à mettre en place :

La première concerne votre cercle d'amies. Nous avons remarqué que lorsque nous nous retrouvons entre nous, nos discussions tournent souvent autour des hommes, des enfants ou du travail. Les conversations sont tellement différentes lorsqu'on s'autorise à parler de soi. Et si vous organisiez régulièrement des soirées où la règle du jeu serait d'échanger autour de vos aspirations, de vos rêves, de vos talents, de vos réussites, de vos forces, de vos désirs ou de vos liens sorores ? Vous n'êtes plus seulement la compagne, la mère, la collègue de…, vous êtes à nouveau vous-même, une femme, une sœur, en lien avec d'autres femmes, d'autres semblables, d'autres sœurs…

La deuxième proposition concerne le compliment. C'est une expérience intéressante à réaliser : faire un compliment sincère à une femme que l'on rencontre. Que l'on soit l'une à côté de l'autre à l'abribus ou bien dans le cadre d'un dîner, au travail ou au supermarché. Dans un premier temps, la femme complimentée sera surprise, peut-être un brin suspicieuse. Mais lorsqu'elle verra que vous êtes sincère, elle sera émue et touchée.

Et cela s'explique par un fait social majeur : les compliments, nous avons l'habitude d'en recevoir de la part des hommes, et surtout de la part d'hommes qui veulent nous séduire. Lorsque ce compliment est fait par une femme, il est gratuit, il n'attend rien en retour et n'entraîne aucun enjeu de séduction. Ce compliment s'inscrit dans nos psychismes, dans le regard que nous portons sur nous-mêmes et dans notre corps tout entier. Ça semble n'être rien, mais combien parmi vous ont déjà osé faire un compliment sincère à une femme inconnue ?

La troisième, enfin, nous vient d'une femme exemplaire qui nous a toutes et tous bouleversé·es récemment. En permettant au grand public d'avoir accès au procès des hommes qui l'ont violée, Gisèle Pelicot a ouvert un espace d'expression à toutes les femmes, et aux féministes en particulier[3] qui ont manifesté leur soutien sorore de multiples façons : présence dans la salle d'audience, applaudissements à son entrée et à sa sortie, collages sur les murs de la ville d'Avignon, manifestations, pancartes, fresques, chants, danses et slam… Sur tous les écrans, pendant plusieurs semaines, la sororité de toutes au service de l'une d'entre elles a été mise en lumière, célébrée, honorée. Cet exemple inspirant peut nous faire penser à manifester notre

3. Cf. le travail immense des Amazones d'Avignon à retrouver sur leur compte Instagram.

présence soutenante à nos sœurs par une infinité de grandes ou petites attentions…

La sororité-racine est une sororité radicale. D'habitude, le mot « radical » est utilisé comme repoussoir. Être radical, c'est apparemment être violent. Or, rien de ce que nous vous proposons n'est violent ni extrême. C'est en revanche radical puisque nous vous proposons de revenir à la racine du Peuple des femmes, et ainsi d'exister en dehors de la norme patriarcale.

Et vous, vous commencez quand ?

AGIR
COMME DES SŒURS

Élise Garcia
écrivaine

Les trois commères

Serrées les unes contre les autres sur le banc à l'entrée du village, trois commères se savent dans le calme d'un après-midi immuable. Un long soupir satisfait de la plus âgée annonce l'arrivée du printemps.

Les trois commères se serrent, garantes de la petite histoire, de celles des familles, de l'intime et de l'indicible.

Nombreux sont ceux qui tremblent devant le loquet de ces boîtes à secrets, lourdes de leurs lâchetés, bassesses et crimes séculiers.

Moquer, mépriser, décrier, violer, battre, brûler les commères, tout pour que leurs petites histoires n'interfèrent pas dans la grande, la vraie, celle qui compte, celle de la fraternité en marche vers le progrès, l'ordre ou la guerre en fonction de l'agenda.

Qu'importe, nos commères se serrent et continuent de se savoir, depuis lors et aujourd'hui. Attelées à leur ouvrage, vigies d'un quotidien invisible, elles protègent, soignent, endossent, luttent, houspillent ou se taisent.

Elles accueillent les récits de celles que personne n'écoute, portent les deuils, couvent les ventres vides, pleins, douloureux, posent la main sur une épaule sans un mot ou écoutent le même disque qui tourne en boucle de celle qui changera de morceau une fois son soûl étanché.

Les trois commères se serrent davantage encore sur leur banc. Les beaux jours arrivent mais le fond de l'air reste frais.

Anaïs Leleux
ancienne coordinatrice nationale de #NousToutes

Juin, terrasse d'un café.

Il fait chaud, trop chaud pour être sapée comme elle est sapée. Entre nous, cette meuf, je doute qu'il l'aurait assumée. Ça me rassure, je crois.

Je la dissèque, presque malgré moi. Je nous compare. Morceau par morceau. Un point pour l'une, un point pour l'autre. Dans ma tête, je fais les totaux. Je « gagne », je crois. Quelle féministe de merde je fais, c'est pas vrai.

Bon, il l'a baisée, c'est sûr. Et après ?

Anaïs ? Tu sais. Tu sais qu'il ne l'a pas juste « baisée ».

La gamine est fébrile. Débit de mitraillette. Elle est énervée. J'aime bien. Ses yeux se mouillent. J'aime moins. Je prends sa main.

C'est brillant, ton histoire de bulletin de vote. Très malin. Vraiment. Je ne savais pas qu'ils étaient conservés aux archives quand on écrivait quelque chose dessus, non. Tu veux faire quoi, toi ? Bien sûr que je te crois. Oui, je comprends que tu veuilles laisser une trace. Mais ça ne suffira pas, tu sais. Tu me laisses gérer ? Ça va aller.

Ça va aller ? Alors, pourquoi j'ai autant envie de caner ?

Elle est peut-être là, la solution. Une pierre, deux coups. Rideau. Dodo.

Je vais faire ce qu'il faut. Et tu ne pourras plus jamais faire de mal à une fille. Et moi je serai enfin libre.

La nuit noire. Et puis le jour.

Juillet, le parc va fermer.

— Je voulais te voir.

— Me voir ?

— Oui, pour te prouver qu'on lui survit.

Il fait chaud, trop chaud pour parler comme elle va me parler. Ma gorge est sèche.

— Euh, oui je veux bien un jus, merci. Ah ben, oui, une Pom'Pote aussi, c'est gentil.

Elle ouvre sa sacoche, m'a prévu le goûter.

Elle est maman, elle me rassure, je crois. Je la dissèque, presque malgré moi. Je nous compare. Morceau par morceau. Mais c'est pas vrai, putain, elle aussi ?

Elle aussi. Mais le pire, assure-t-elle, c'est les violences psy. Elle a fini suicidaire, elle aussi.

Elle est fébrile. Je suis énervée. Nos yeux se mouillent. On se prend la main. On est déjà comme des sœurs, ça me rassure, je crois.

— Tu veux faire quoi ?

— Ce qu'il faut. Pour qu'il ne puisse plus jamais faire de mal à une fille.

Je lui souris. Je ne crois plus. Je sais. Qu'on a déjà gagné. Notre plus belle victoire, c'est nous. Après les années de nuit noire, le jour. Il était là, l'amour.

Notre Pacte est un ensemble de propositions qui nous engagent et nous donnent les leviers pour mettre en œuvre la sororité au quotidien. Nous détaillons ici ce que cela implique concrètement.

Nous vous invitons d'abord à **être sœur avec vous-même**. C'est pour nous un socle, un préalable, un essentiel.

Ce premier article agit comme un bouclier face aux stéréotypes de sexe qui viennent cogner contre nos psychismes d'enfants, d'adolescentes puis de femmes. Cogner jusqu'à la haine de soi. Jusqu'à l'impossibilité de se connaître, de s'aimer, de se respecter, tandis que nous passons notre vie à faire tout cela pour les autres. Jusqu'à connaître des vagues répétées de syndrome de l'impostrice. Impostrice en tant que femme, dans ce monde qui nous considère à tout instant comme trop, pas assez, jamais à sa juste place.

Tout se passe comme si nous avions intériorisé que nous ne méritons pas. Mona Chollet appelle cette haine de soi « l'ennemi intérieur », avant de le définir plutôt comme un ennemi intériorisé « résultat de la longue sédimentation, en nous, d'un ennemi extérieur[1] ». Car nous sommes de si bonnes élèves du patriarcat que, rapidement, nous n'avons plus besoin de personne pour pratiquer la dévaluation sexiste. Ainsi, quiconque nous reconnaît légitime se heurtera à notre autocensure.

Pourtant, la première personne à aimer, c'est soi. Avant toute chose, avant toute autre. Il est vital d'agir en premier lieu comme une sœur pour soi.

Cela peut se traduire, concrètement, par une somme de questions que l'on peut se poser dans le quotidien : De quoi j'ai besoin ? De quoi j'ai envie ? Qu'est-ce qui me ferait plaisir ? Parfois, on ne trouve pas de réponses à ces questions-là. Parce que, parfois, l'important est juste de parvenir à se poser à soi-même les questions que l'on adresse si naturellement aux personnes que l'on aime.

Cela peut être aussi, chaque fois que vous aurez envie d'être intransigeante, exigeante, jugeante envers vous-même, de pratiquer la stratégie du miroir : si une femme que je respecte et apprécie me disait ça, que lui répondrais-je ? Que lui conseillerais-je ? Qu'est-ce

1. Mona Chollet, *Résister à la culpabilisation. Sur quelques empêchements d'exister*, La Découverte, collection « Zones », 2024.

que j'aurais envie de lui dire ? En vous décentrant ainsi, vous commencez à réaliser la toxicité de nos conditionnements envers nous-mêmes…

Beaucoup de nos phrases commencent par des excuses. Par une limite imposée à soi-même. Agir comme une sœur pour soi-même, c'est aussi éviter les pensées qui arment notre autocensure. S'excuser d'être là, de prendre la parole, de prendre trop de place, trop de temps, d'exister dans cet espace, *in fine*, s'excuser de vivre, ou presque. Quand vous vous excusez, vous vous rabaissez, vous vous diminuez. Rappelez-vous que vos vies sont légitimes.

Nous savons que cela n'est pas facile. Que cela demande du temps et une énergie de tous les instants pour inventer de nouveaux possibles et ramener un peu de lumière sur soi. Que les « mais », nous en avons toutes tellement… Sauf qu'il faut bien commencer par un coin du tapis si on veut débusquer le patriarcat qui s'y cache.

Et c'est POSSIBLE.

La deuxième partie du Pacte est un engagement à soutenir les autres femmes. Il s'agit en premier lieu d'un positionnement à adopter. Non plus en face à face, mais les unes à côté des autres. Sortir de la dualité, de la rivalité, de la mise en concurrence. Mais aussi de l'isolement.

Concrètement, qu'est-ce que ça veut dire ?

Faire partie de la même équipe, c'est par exemple amplifier les paroles, les actions, les idées des autres femmes. Leur redonner la parole quand elles sont interrompues, mettre en valeur leurs idées quand elles sont dévalorisées ou minimisées, les nommer lorsqu'elles sont invisibilisées, rappeler qu'elles sont à l'origine de leurs propres idées ! Lorsque prendre la défense des femmes implique de se mettre soi-même en danger, la sororité peut prendre des formes plus discrètes : se tourner vers une femme qui a été agressée verbalement ou physiquement, l'assurer de notre soutien et de notre empathie, lui rappeler sa valeur, son droit et sa légitimité, la regarder avec considération et bienveillance. La sororité au quotidien peut passer par des actes tout simples mais qui ont tant de valeur…

Dans ces situations, comme en toutes circonstances, porter assistance aux autres femmes, c'est les aider à ne plus ressentir cette solitude si douloureuse que vous avez vous-même tant de fois vécue.

Peut-être vous êtes-vous rendu compte qu'en présence d'un homme, nous, les femmes, avons tendance à modifier notre comportement, notre voix, notre communication non verbale. Bien malgré nous, il n'y a plus que le regard de l'homme qui compte. C'est comme si les autres femmes n'existaient plus. Nous proposons alors de **chausser les lunettes de la sororité** : n'oubliez pas les femmes ! Réalisez que partout où il y a de la mixité – à partir d'un seul homme –, les femmes disparaissent bien souvent sous une cape d'invisibilité. Or, nous avons le pouvoir de les faire réapparaître, si nous nous allions. La force du nombre fait tomber tout à coup les obstacles qui nous semblaient insurmontables.

Et pourtant, dans certaines situations, vous trouvez-vous heurtées par les paroles ou les attitudes de certaines femmes ? C'est vrai, la sororité n'est pas toujours facile à mettre en pratique : quand une femme critique systématiquement ce que disent, pensent ou font les autres femmes ; quand une autre promeut des idées, un langage, des comportements misogynes ou sexistes ; quand l'une d'elles adopte les codes vestimentaires ou esthétiques de la femme-objet ; quand le féminisme est attaqué, caricaturé, dénigré par nombre d'entre elles… que faire de la sororité ? **Rappelez-vous que le patriarcat nous traverse toutes**. Ce n'est pas parce qu'on est une femme qu'on ne peut pas être imprégnée de misogynie et qu'on a les ressources pour y résister. Comme nous l'avons précédemment soulevé, ces femmes qui nous semblent « les meilleures ennemies des femmes » ne sont que les victimes du patriarcat. Nous nous devons de ne pas l'oublier et de pratiquer l'indulgence à leur égard.

La troisième partie du Pacte concerne notre engagement à toutes à ne pas nuire aux autres femmes.

Nous avons tout d'abord besoin de vous confier combien cette partie est pour nous difficile à écrire dans ce qu'elle traduit de la violence des femmes à l'égard des femmes. Mais il faut se faire une raison : cette violence est une réalité. Comme nous l'avons évoqué plus haut, nous vivons de surcroît un moment collectif où les actes de violence misogyne entre femmes se multiplient. On le constate dans tous les espaces, y compris au sein des mouvements féministes qui reproduisent les comportements qu'ils dénoncent. Il est temps de nous souvenir que nous sommes sœurs !

Or, rappelons-le, il y a un poids deux mesures : les critiques, menaces, insultes, violences... n'ont pas les mêmes conséquences lorsqu'elles sont adressées aux femmes qu'aux hommes. **Chaque insulte envers une femme est porteuse de toute l'idéologie misogyne** qui dégrade, sexualise et déshumanise en même temps toutes les femmes. N'oublions pas que le nombre des violences sexistes et sexuelles auxquelles les femmes sont statistiquement exposées durant leur vie entraîne des traumas pouvant aller jusqu'à altérer leur cerveau[2]. Ça n'est pas le cas pour les hommes : non seulement ils ne sont pas dénigrés à travers leur corps, leur voix ou leur intimité, mais en plus, quand ils sont critiqués ou attaqués, ils ne sont pas réduits à leur condition d'homme.

Quand une femme insulte une autre femme, elle insulte donc sa semblable et elle-même par la même occasion.

Nous vous proposons dans ce Pacte de **combattre les idées mais pas les femmes elles-mêmes**.

Certaines parmi vous peuvent se retrouver face à une personnalité publique avec laquelle elles sont en désaccord absolu. Pour d'autres, il s'agira d'une collègue ou d'une femme de son entourage. Dans tous les cas, nul·le ne dit que nous devons être d'accord avec les autres femmes, par principe. Mais nous refusons de nous en prendre à des femmes lorsque leurs propos ne nous conviennent pas. Lorsqu'une actrice défend le « droit à être importunée » ou quand une journaliste

2. Muriel Salmona, « Que se passe-t-il dans le cerveau lors d'un trauma ? », mai 2024.

écrit que « #MeToo c'est un peu too much », cela ne nous autorise ni à les menacer de mort, ni à les terroriser, ni à les harceler. Pas plus d'ailleurs qu'à les exposer au (cyber)harcèlement. **Aucune idée, quelle qu'elle soit, ne justifie aucune violence**.

Refuser de participer aux cabales menées contre les femmes ne veut pas dire adhérer à leurs idées. Nous ne disons pas non plus que nous devons aimer toutes les femmes parce qu'elles sont nos sœurs. En revanche, notre vision est stratégique. Nous pensons que la sororité est un antidote pour cesser d'adhérer de façon réflexe au groupe social dominant et de servir ses intérêts. Vous l'aurez compris, ce Pacte est un acte de transgression majeur qui nous permettra de déboulonner le patriarcat en faisant alliance entre nous.

Agir, c'est poser des actes et des mots. **Faire sororité**. **Faire sœurs**.

Faire est un verbe d'action, pour soi, envers les autres. Contre toute tentative d'héroïsation, nous recherchons comment « faire sororité » de façon concrète, en pratiquant ce qu'on pourrait appeler « la sororité du quotidien ». Si chaque petite fille autour de vous vous voit « accomplir la sororité », elle vous imitera.

Ainsi, ce qui semble si antinaturel, voire aller contre soi-même pour nos générations, pourrait aller de soi pour les suivantes. Pour sortir enfin du triptyque que la société propose aux femmes : des amies, des rivales ou des lesbiennes.

CÉLÉBRER
LES FEMMES
À TRAVERS LA SORORITÉ

Irma
chanteuse

La sororité est définie comme un élan de compassion et d'entraide entre les femmes. Pour moi, elle est avant tout un élan de compassion envers soi-même en tant que femme. Cet acte essentiel qui nous invite à examiner nos blessures et les biais cognitifs hérités qui, à la fois, nous poussent à nous méconnaître et à nous désaimer.

Lorsque nous cherchons la validation à l'extérieur plutôt qu'à l'intérieur, nous entrons en compétition pour l'obtenir, croyant qu'elle est limitée. Je suis convaincue que l'émergence de la sororité passe par la restauration de notre foi en la véritable puissance de l'énergie féminine. Cela implique une reconnexion avec notre nature profonde et la prise de conscience de l'infinité de notre être.

Ce n'est qu'en acceptant la grâce et la puissance infinie qui nous habitent en tant que femme que nous pourrons réellement faire régner la sororité, profondément ancrée dans notre nature.

Claudine Monteil
écrivaine, historienne et diplomate

Après Simone de Beauvoir, la sororité intergénérationnelle fait avancer le féminisme !

— Simone de Beauvoir veut te rencontrer. Elle a entendu parler de ton action avec les ouvrières par Jean-Paul Sartre.

— Simone de Beauvoir est avec nous ? À son âge ? Si vieille ?

— Oui, Claudine !

En 1970, Simone de Beauvoir a 62 ans, une vieille dame selon moi. J'ai 20 ans quand, au MLF, nous préparons le Manifeste des 343, puis le procès de Bobigny et tant d'autres actions. Nous préparons, réalisons, réussissons !

Avec elle, grâce à sa pugnacité, j'allais bientôt oublier notre différence d'âge – quarante-deux ans, deux générations – et découvrir une vérité fondamentale : c'est par la sororité intergénérationnelle que nous faisons avancer le féminisme et nos droits. Jusqu'à imposer la loi sur l'IVG !

Cinquante ans plus tard, je vis cette solidarité avec les jeunes féministes, en particulier *Feminists in the City*, dont j'ai l'honneur d'être la marraine, sous la présidence de Julie Marangé.

À 75 ans, je continue le combat avec les jeunes militantes. Je suis admirative de l'enthousiasme, de la détermination de la nouvelle génération, comme Simone de Beauvoir en 1970 fut fière de nous. Elle nous accorda sa confiance dans les combats d'alors. Et lutta à nos côtés jusqu'à sa disparition, seize ans plus tard.

Aujourd'hui, je souhaite vous transmettre cette énergie, l'énergie de Simone de Beauvoir qui vibre en nous au XXIe siècle. Pour que vous réalisiez vos rêves féministes de justice, d'égalité, de liberté en toute sororité ! Le féminisme, c'est dévorer la vie ! Votre vie !

Célébrer, c'est d'abord **fêter et se réjouir**.

C'est ce que nous faisons chaque jour, depuis que nous avons décidé d'écrire ce livre **toutes les trois**. Pas un jour sans que l'une de nous écrive ou exprime aux deux autres le bonheur de créer ensemble, de réfléchir et partager ensemble nos convictions, nos idées, nos intuitions, nos sentiments. Oui, nous célébrons chaque jour ce que la collaboration entre femmes nous permet à chacune et à toutes : sûres de notre bienveillance les unes pour les autres, nous osons ensemble prendre le risque de penser ; attentives les unes aux autres, nous prenons soin de nos fragilités comme de nos sensibilités ; solidaires entre nous, nous sommes toujours là pour rassurer celle qui doute ou soutenir celle qui se décourage ; admiratives les unes des autres, nous ne manquons jamais de souligner le trait de génie, de rappeler l'expression de l'une, d'admirer l'idée de l'autre. Nous savons nous excuser, nous remettre en question, compatir, être indulgentes, féliciter, entourer, fêter, être et faire ensemble.

Loin des clichés qui entretiennent l'idée selon laquelle travailler entre femmes est impossible, nous voulons témoigner par ce livre combien la collaboration entre femmes est tout au contraire pour nous une fierté, une ressource et une joie.

Pourtant, pour Aline par exemple, cela n'a pas toujours été une évidence, comme elle a pu en témoigner durant notre travail exploratoire avant l'écriture :

> Je suis entrée à l'âge adulte dans un monde qui m'avait appris que seul ce qui venait des hommes avait de la valeur. Au point de me rendre aveugle et sourde aux femmes, à leurs apports, à leurs qualités, à leur présence même dans l'Histoire ou dans le monde. Indifférente, voire réticente, à leur contact. J'ai dû apprendre à regarder pour les voir, à écouter pour les entendre, et découvrir combien regarder et écouter les femmes pouvait changer ma vie.

Maryne quant à elle a toujours été entourée de femmes, dans sa famille, dans le féminisme puis dans le travail social. Elle a pu confier ceci :

> J'ai eu la chance de faire l'expérience de la sororité depuis mon enfance, entourée de femmes puissantes et présentes. Mais, justement parce que j'étais

entourée de femmes, j'ai aussi vu la violence entre nous parfois. Dans mon expérience, elle est toujours consécutive à un contexte de mise en concurrence, par les tenants du pouvoir, et donc par le masculin.

Pour Lucile, être sorore vis-à-vis de son corps est l'une des choses les plus difficiles. Elle se contraint à une discipline stricte pour répondre à certains canons de beauté, et notamment de jeunesse, tout en culpabilisant de ne pas arriver à s'en défaire. Cette relation toxique est d'autant plus douloureuse que le vieillissement de sa chair signifie faire le deuil de la fille qu'elle a été. Fille qui a perdu sa maman à 17 ans, et qui depuis des années doit lui dire au revoir, pour toujours. Mais elle sait qu'un jour elle arrivera à surmonter ce drame tout à fait et à laisser partir tout ce qui se rattache à son enfance. Elle le sait grâce à ses amies et sœurs qui lui montrent tous les jours qu'on peut vivre à tout âge en paix avec soi-même et avec son histoire, quelle qu'elle soit.

Dans un monde où ce qui vient des femmes est souvent considéré comme secondaire et sans valeur, la sororité change la donne. Elle rend visible l'apport des femmes en valorisant leurs pensées, leurs paroles, leurs actes et leurs œuvres. Tout à coup, nous voyons le monde autrement : non plus dominé par les guerres, les violences et la destruction, mais maillé de petites mains qui prennent soin, éduquent, soignent, consolent, nourrissent, nettoient, rangent, entretiennent ; de résistantes de l'ombre qui refusent, dénoncent, protestent, manifestent, protègent, soutiennent, défendent, revendiquent ; de sœurs de cœur qui pleurent, crient, chantent, parlent, déclament, écrivent, affichent, dansent, prient, haranguent… La sororité, c'est d'abord quand les femmes elles-mêmes voient, reconnaissent et célèbrent ce que les femmes sont et font, dans et pour le monde. La sororité ouvre les yeux des femmes et leur fait se ressouvenir qu'elles-mêmes sont des femmes.

C'est pourquoi célébrer les femmes à travers la sororité, c'est aussi les honorer et leur rendre femmage[1] : c'est relire notre Histoire commune à la lumière de ce que les historiennes dévoilent depuis plusieurs années de l'invisibilisation et de l'effacement des femmes dans les livres d'Histoire ; c'est débusquer derrière notre référentiel habituel tout ce que nous oublions nous-mêmes de voir ou de considérer, tout ce que nous invisibilisons, effaçons, invalidons, méprisons parfois… et commencer à s'en émerveiller : la puissance créative

1. Nous empruntons ce terme à Typhaine D, à qui nous le devons.

du matriarcat, la force de transformation des combats féministes, le génie de notre matrimoine, le rôle régulateur des femmes dans toutes les sociétés… C'est, au-delà du 20 heures en temps de Covid, continuer d'applaudir ce que les femmes font au monde, dans l'ombre, partout, tout le temps. Autour de nous, dans notre histoire et au-delà de notre propre espace, c'est agrandir notre vision, notre écoute, notre perception du monde, l'agrandir à la mesure des femmes qui sont la moitié de l'humanité et qui contribuent à la faire elle-même grandir, partout, depuis toujours.

Ainsi, célébrer les femmes à travers la sororité, c'est **reconnaître et honorer les valeurs humanistes qu'elles portent**. Pas seulement parce que certaines donnent la vie, même si cela est aussi un acte corporel fondateur de l'humanité. Mais parce que, par leur éducation, les filles sont davantage encouragées que les garçons à être empathiques, altruistes, connectées avec leurs émotions et à les réguler. Et parce qu'être femme, c'est d'abord avoir été éduquée à la non-violence. Cette éducation est souvent critiquée, comme si elle était la cause des inégalités que les filles subissent. Le problème ne viendrait-il pas plutôt de l'éducation à la virilité et à la domination des garçons et des hommes ? Quoi qu'on en dise, l'éducation des filles ne modèle pas ou peu des êtres violents : rappelons par exemple que les femmes ne représentent que 17 % des personnes mises en cause par la justice en Europe.

Parce que les valeurs humanistes des femmes ne sont pas celles qu'on attend des hommes, c'est comme si elles ne comptaient pas. Comme s'il manquait toujours l'essentiel aux femmes. Comme si elles avaient toujours à se hisser plus haut, à faire plus (ou moins), à faire mieux (ou différemment) pour mériter leur place au soleil.

Nous, nous pensons qu'**il ne manque rien aux femmes**. Qu'elles développent des ressources infinies depuis leur naissance pour faire face à ce qui les attend en tant que filles, puis femmes. Alors qu'on attend toujours plus d'elles, tout en continuant à leur faire croire qu'elles sont moins, comptent moins, valent moins. Il est temps pour les femmes de se réveiller. D'arrêter de remettre en question les qualités morales sur lesquelles reposent l'éducation des filles, les attentions, les priorités, les actions ou les paroles des femmes, pour promouvoir enfin leur humanisme et admirer leur capacité de décentrement, qui est aussi une capacité à vivre ensemble.

Célébrer les femmes à travers la sororité, c'est comprendre que nous n'avons rien à gagner à adopter les valeurs, les codes et les comportements masculins, en pensant ainsi prendre notre revanche sur le patriarcat. Obtenir les mêmes droits que les hommes sans avoir besoin d'en être dignes ni de prouver que nous le méritons, là peut être notre combat commun. Devenir un homme comme un autre en oubliant ce qu'être femme nous apporte de valeurs, de capacités et de conscience, c'est nous priver de ce que des siècles d'acculturation nous ont appris, ce que nous ont transmis les femmes avant nous et que nous continuons à transmettre à nos filles, à nos nièces, à nos sœurs, à nos amies, à nos mentorées.

Un autre monde est possible. Nous le savons, le portons en nous, le pratiquons entre nous. Que nous manque-t-il ? Le reconnaître et le célébrer enfin.

Vivre en sororité, c'est donc une façon de contribuer à faire grandir le monde des femmes en commençant à les aimer, PARCE QUE ce sont des femmes. Hors des critères de valeurs masculins à l'aune desquels les femmes elles-mêmes mesurent leur propre valeur et celle des autres femmes. Mais en continuant à porter haut et fort la fierté d'être femme sans la confondre avec l'assignation à l'être. Et si, grâce à la sororité, *être femme* commençait à devenir désirable ? Comme lorsque des femmes abîmées, blessées, cassées, traumatisées… rencontrent une « sororité-refuge[2] » qui leur

2. Expression de Céline Alix, in *Merci mais non merci*, Payot et Rivages, 2021.

permet de se réparer grâce à l'amour qu'elles reçoivent et qu'elles donnent aux autres femmes. Ou comme lorsqu'une « sororité-contact » offre enfin l'écrin de tendresse, de douceur et de réconfort qui permet de « commencer à exister autrement[3] ». Dans la compassion, la sécurité et la joie de l'entre-femmes, la sororité peut être un guide pour rendre aux femmes l'amour d'elles-mêmes qui leur a été ravi par le patriarcat.

Si la sororité permet de déjouer l'arnaque du patriarcat, c'est bien en rendant aux femmes un accès au **collectif** dont il les a privées. Lorsque des femmes se rassemblent pour crier leur colère dans la rue, pour dénoncer les violences qui leur sont faites ou réclamer des lois pour défendre et reconnaître leurs droits, tout à coup, nous nous ressouvenons que le « nous » des femmes a un pouvoir sur le monde. Que les femmes qui s'unissent pour défendre nos droits ne sont pas des « harpies féministes », mais, parfois, celles d'entre nos sœurs qui ont eu, avant toutes les autres, la clairvoyance de faire alliance entre femmes et le courage de se battre pour la dignité et l'humanité de toutes. Reconnaissons dans le féminisme le génie de la sororité, la puissance, la beauté, la force de la sororité.

3. Anne Boissière, *Voix du corps, philosopher autrement*, Hermann, coll. « Recherche & Création », 2025.

En faisant de la sororité le socle et la condition du féminisme, **cessons d'avoir peur des féministes** et, à travers elles, d'avoir peur de ce que peuvent les femmes lorsqu'elles s'unissent. Ce qu'elles peuvent, c'est changer le monde.

Célébrer les femmes à travers la sororité, cela peut donc être une décision : lire les livres des femmes, voir les films des femmes, apprendre et retenir le nom des femmes qui ont compté ou qui comptent aujourd'hui, reconstruire notre mémoire manquante et rééquilibrer notre vision parcellaire de l'actualité, nourrir notre imaginaire de mythes, de modèles ou de figures féminines désirables, choisir de faire entendre le féminin dans notre langue et adopter pour se nommer des mots qui font de la place aux femmes[4]. Mais aussi être attentives à nos stéréotypes de sexe et débusquer nos comportements réflexes : cesser d'utiliser le mot « hystérique » ou « folle » pour parler d'une femme en colère ; repérer quand nous nous réjouissons en secret de l'échec, de la maladresse ou de l'erreur de style de celle qui nous faisait de l'ombre ; questionner

4. Nous pensons par exemple au mot « autrice » qui nous a été rendu par la chercheuse Aurore Évain après avoir disparu des dictionnaires : l'Académie française avait décidé au XVIIe siècle de l'éliminer de notre langue.

nos alliances avec les hommes lorsqu'elles se font aux dépens des femmes. Tous ces exemples montrent qu'entrer en sororité à l'intérieur d'un monde patriarcal n'est pas une évidence. C'est un choix, un engagement et un travail. Un travail de déconstruction qui prend du temps et nous oblige.

Mais cela peut être aussi une fête et un horizon d'espérance.

Parce que la sororité est pacifique, humaniste et universaliste, elle nous ouvre un chemin pour raconter autrement le monde et, peut-être, pour construire un autre monde, ensemble, main dans la main, de sœur en sœur.

LA SORORITÉ EST POLITIQUE

Christelle Taraud
historienne

Toutes pour une. Une pour toutes.

Au moment où j'écris ces mots, le 10 novembre 2024, 114 femmes ont été tuées, en France, depuis le début de l'année, par des hommes du simple fait qu'elles étaient des femmes. En Afghanistan, les femmes ont désormais interdiction de parler entre elles, y compris dans leur propre maison. Encagées vivantes dans le silence assourdissant de leur propre corps devenu prison de chair. Dans le même temps, les États-Unis viennent d'élire un agresseur de femmes et un misogyne revendiqué, Donald Trump, comme 47e président de la première puissance du monde. Face à la domination patriarcale et à la masculinité hégémonique, plus fortes que jamais, qui s'incarnent partout dans la haine des femmes, il nous reste les Iraniennes dont le courage, chaque jour, nous oblige. Aussi, la sororité pour moi, c'est me reconnaître dans chacune des femmes qui, ici et ailleurs, refusent de baisser les yeux et de ployer le genou, à l'image de Mahsa Amini et d'Ahou Daryaei. Notre dette envers elles est incommensurable. « Pas une de moins ! » crient les Mexicaines en évoquant leur lutte contre les féminicides. En écho, de France, nous leur répondons : « Toutes pour une. Une pour toutes. » Car, comme le disait si justement Audre Lorde : « Je ne suis pas libre tant que n'importe quelle autre femme est privée de sa liberté, même si ses chaînes sont très différentes des miennes. »

Hamida Aman
journaliste

La sororité n'existe pas en Afghanistan ; les talibans sont en train de la créer.

Depuis toujours, les traditions de mon pays enferment les femmes dans le silence des foyers, les réduisant à l'ombre des hommes : pères, frères, maris. Elles règnent sur leurs maisons, mais leur existence sociale s'arrête aux frontières de ces murs. Pour elles, il n'y a ni voix ni espace où exister autrement qu'à travers les regards masculins.

Au début du XXe siècle, sous la pression de despotes soi-disant « éclairés », les femmes ont enfin pu franchir ces murs. L'école, puis le travail, leur ont offert des lieux où elles pouvaient rencontrer d'autres femmes, nouer des liens, se construire une identité en dehors du clan familial. Mais ce privilège, d'abord réservé à l'élite, s'est élargi avec la montée du régime communiste, permettant à ma mère, pionnière, de goûter à une liberté nouvelle. Il a pourtant fallu attendre la chute des talibans en 2001 pour que ma génération puisse, à son tour, voir le monde et oser rêver.

Mais chaque lien tissé entre des femmes, chaque lueur de conscience politique, est une menace pour le système patriarcal afghan. C'est cette peur, ancrée dans l'ADN des talibans, qui les pousse à détruire tout espace de solidarité féminine. En interdisant l'éducation, le travail, même les simples rencontres dans les parcs ou les salles de sport, ils tentent de briser l'esprit de fraternité naissant chez les femmes. Ces interdictions barbares ne sont pas seulement des actes de répression ; elles sont des stratégies froidement orchestrées pour isoler et museler les femmes, les empêcher de se rassembler, de penser, de s'élever ensemble.

Ce qui est troublant, c'est que cette radicalisation coïncide avec la montée du mouvement « Femme, Vie, Liberté » en Iran, où les femmes ont trouvé une voix pour contester l'oppression. Le régime taliban tremble, redoutant que cette vague de révolte traverse ses frontières, et c'est pourquoi il agit avec tant de férocité.

Mais ce qu'il n'avait pas prévu, c'est la puissance des réseaux sociaux. Aujourd'hui, même isolées dans leurs foyers, les femmes afghanes se connectent, elles échangent, elles s'organisent. Elles réalisent que leur sort émeut au-delà de nos montagnes, que des milliers de voix à travers le monde les soutiennent.

Et c'est là que Begum TV, notre chaîne satellitaire lancée en mars 2024 depuis Paris, entre en scène. À travers elle, nous contournons la censure talibane. Nous brisons le silence autour de sujets tabous comme la violence domestique, le mariage forcé, et même l'homosexualité féminine. Nous offrons aux femmes afghanes non seulement une plateforme pour s'exprimer, mais aussi un fil invisible qui les relie à une communauté mondiale.

Les talibans voulaient briser les femmes. Mais en les réduisant au silence, ils ont réveillé leur force, leur solidarité. Et cette sororité qu'ils ont tenté de détruire s'épanouit désormais à travers les ondes, les écrans, et les cœurs.

Depuis des siècles, des hommes ont tenté de nous définir et de nous donner un cadre d'existence. De dire ce que nous sommes et ce que nous devons être.

De quel droit ?

Dans notre engagement ancestral face aux oppressions patriarcales, certains ont même essayé de dire quelles féministes nous sommes et comment fonctionne notre militantisme. On pensera notamment à Pascal Bruckner qui oppose les « vraies » féministes d'hier aux « néoféministes » d'aujourd'hui, ces féministes de procès qui ne savent que dénoncer, faire la guerre aux hommes, les acculer avec violence et mauvaise foi[1].

De quel droit ?

Des hommes tentent aussi de faire la leçon sur ce qu'est la sororité – toujours d'ailleurs par comparaison avec la fraternité. On pensera ici à Raphaël Enthoven et à sa comparaison entre la sororité et un club de

---

1. Pascal Bruckner, « Y a-t-il une culture du viol ? », in *Un coupable presque parfait*, Grasset, 2020.

supporters[2]. Après notre cadre d'existence, ils veulent définir notre cadre de référence.

Là encore : de quel droit ?

Ce qu'aucun n'a compris, c'est qu'il ne s'agit pas de définir « ce que » nous sommes, mais « qui » nous sommes. Oui, il en faut du temps pour devenir une personne quand on est une femme ! Le vocabulaire nous montre combien nous avons avancé mais aussi combien nous avons dû lutter : passer de LA femme à LES femmes. Désormais, devenir DES femmes, avec des caractéristiques communes donc, mais aussi des individualités. Des femmes pouvant former le Peuple des femmes. Qui mieux que nous-mêmes pour nous définir ?

En vertu de l'organisation politique de la société patriarcale, il a longtemps appartenu aux hommes de définir le monde jusque dans ses pans les plus intimes. Or, dans les années 1970, la sociologue Yvonne Verdier[3] a pris le temps d'aller voir ce qu'était un village. Son but était de le décrire et de montrer comment il évoluait. Elle s'est rapidement rendu compte que le village français est en réalité non seulement

2. Raphaël Enthoven, *op. cit.*

3. Yvonne Verdier (1941-1989) : ethnologue qui a mené une enquête ethnographique collective sur le village de Minot (Côte-d'Or) et en a tiré le livre *Façons de dire, façons de faire* (Gallimard, 1979).

porté, mais incarné par les femmes. Lucile Peytavin le montre bien dans sa thèse[4] : qu'il s'agisse de leurs tâches, de leur place, de leur savoir-faire, elles étaient les *indispensables*. Il a donc toujours fallu que les femmes s'organisent, s'unissent, œuvrent ensemble, comme « les ouvrières de la révolution industrielle, les tricoteuses de la révolution de 1789, les communardes, les sardinières de Douarnenez, les ovalistes, les moulineuses de soie, les bobineuses, les cabanières de Roquefort, les femmes de mineurs, les suffragettes, les 343 et les militantes du MLF[5] ». On peut donc dire que les femmes sont devenues féministes par nécessité.

Le patriarcat comme système politique et sociétal a par conséquent bel et bien généré la **sororité de combat**. Quel paradoxe génial ! Malgré tous les obstacles, dans les moments où nous sommes parvenues à créer des liens, nous avons obtenu des droits : droit de vote, de travailler sans l'accord de son mari, d'avoir un compte en banque, de divorcer, droit à la contraception et à l'avortement… bref, le droit d'avoir une existence politique, au même titre que les hommes.

---

4. Lucile Peytavin, thèse de doctorat d'histoire, « Histoire relationnelle du genre chez les artisan·e·s-commerçant·e·s de proximité au village (XIXe-XXe siècles) », université Lumière-Lyon 2, sous la direction de Claude-Isabelle Brelot et Jean-Luc Mayaud, 30 mars 2019.

5. *Ne nous libérez pas, on s'en charge…*, *op. cit.*, p. 39-40.

À travers leurs actions politiques, la sororité permet aux femmes de prendre part à la vie de la Cité.

Les années 1960 et 1970 ont donc été marquées, non pas par une vague féministe comme on a l'habitude de le dire, mais par la continuité des luttes commencées deux siècles auparavant. Les slogans ont été visibilisés – enfin ! Ainsi, le privé est devenu politique[6].

Dans le même temps, et sans que cela soit formulé ainsi, la sororité elle-même est devenue politique. Nous disons « sans que cela soit formulé ainsi » parce que le mot « sororité » existait déjà au XVIe siècle et qu'il a, comme nous l'avons vu plus haut, cycliquement disparu.

Même Benoîte Groult en 1975 semblait avoir oublié le terme :

> C'est le livre de l'amitié que je voudrais écrire, ou plutôt le livre de ce qui n'existe pas encore, d'un sentiment et d'un mot qui ne sont même pas dans le dictionnaire et qu'il faut bien appeler, faute de mieux, la « fraternité féminine »[7].

C'est bien logique puisque le mot « sororité » n'existe pas dans le dictionnaire de l'Académie française avant sa

---

6. Slogan féministe des années 1960.

7. Benoîte Groult, *Ainsi soit-elle*, Grasset, 1975 ; Le Livre de Poche, 1977.

neuvième version achevée en 2024. Là encore, l'engagement politique des féministes est fondamental : il permet même de nous faire exister à l'Académie !

Si on rembobine, on constate que les femmes sont au fil de l'Histoire devenues des sœurs de combat et que c'est cela qui leur a permis d'entrer dans la Cité. De mineures cachées, elles sont devenues des êtres humains comme les autres et ont intégré l'espace public, donc l'espace politique. Elles ont même intégré la Constitution en 1946, grâce à leurs combats, n'en déplaise aux calculs politiques du général de Gaulle !

Lorsque le privé est devenu politique, alors la sororité l'est devenue du même coup. Dans les deux cas, la transgression d'un interdit a permis de créer les conditions d'une existence : si les hommes ne sont plus tout-puissants à la maison, si les femmes peuvent se réunir, alors il peut y avoir des règles communes aux hommes et aux femmes qui organisent la société. Dans les deux cas, il s'est agi de dévoiler un impensé : l'espace intime du privé (« le privé est politique »), l'espace réel du lien entre les femmes ailleurs qu'au lavoir (« la sororité est politique »).

Oui, la sororité est donc politique puisqu'elle permet aux femmes d'exister enfin, et donc d'accéder aux espaces de pouvoir qui organisent la société.

Elle est aussi nécessaire en politique comme dans tous les champs où les femmes ne sont pas les bienvenues, c'est-à-dire dans toutes les aires de pouvoir, de responsabilité et de visibilisation. Réfléchissons : la politique comme espace de pouvoir est masculine depuis toujours, et censée être mixte depuis 1944 en France (droit de vote et d'éligibilité des femmes). Pourtant, il aura fallu encore des décennies pour constituer l'arsenal législatif permettant aux femmes de devenir des citoyennes à part entière disposant d'une place réelle dans la société. Cette place, nous le constatons pour Maryne en tant qu'élue, et pour nous trois en tant qu'accompagnantes de femmes élues, n'est toujours pas acquise. On fait bien sentir aux femmes qu'elles sont là grâce à la « discrimination positive » – un oxymore confortable qui permet à la fois de dire « oui, vous avez le droit d'être là » tout en rappelant que c'est tout de même parce qu'on le veut bien.

Nous avons été sorores pour obtenir des droits, nous devons désormais continuer à l'être – et même à l'être de plus en plus – pour changer la société. Pour l'organiser politiquement telle qu'elle devrait être. Notre Matrimoine politique existe et, contrairement au Patrimoine, il n'est pas constitué de faits d'armes, de violences et de domination. De même que la pensée féministe appartient à toutes les femmes et a été transmise ainsi par chacune de ses coautrices à travers les siècles, notre sororité-racine devient politique puisqu'elle vise à contribuer à organiser la société en prenant en compte toutes et tous. En clair : le Patrimoine sépare femmes et hommes, le Matrimoine et la sororité contribuent à un modèle de société vivable et plus durable pour toutes et tous.

Pourtant, comme tout ce qui vient des femmes, **la sororité est souvent diabolisée**. Elle permettrait aux femmes de développer des liens entre elles pour se liguer contre le reste du monde et particulièrement contre les hommes. Or, il n'y a qu'à regarder ce dont les femmes sont capables dans les situations de crise ou d'injustice pour constater combien cette idée est fausse.

Selon l'ONU Femmes, « la participation des femmes augmente la probabilité d'un accord de paix d'au moins deux ans de 20 %, et de 35 % la probabilité d'un accord de paix d'une durée de quinze ans ». Si cela est possible, c'est parce qu'à ces occasions elles mettent en place davantage de programmes d'égalité et de lutte contre les violences, permettant les conditions d'un apaisement plus durable. De par leur éducation humaniste, les femmes ont en elles les ressources pour créer les conditions du lien et par là, celles de la sororité. Pourquoi se priver de cette richesse ?

Nous pouvons donc avoir toute confiance en les femmes pour faire de la sororité un outil d'amélioration de l'humanité, comme le sont tous ceux du féminisme. Au contraire, les outils politiques bien souvent développés par les hommes ne sont utiles qu'à leur groupe social et contribuent depuis toujours à l'exclusion des femmes.

Nous proposons que la sororité soit plus qu'un dispositif militant : **un élément du pack initial de « l'humainc » incluse dans le monde**. Car, lorsqu'il n'y aura plus de patriarcat, il restera des femmes. Donc, des sœurs.

Il nous semble nécessaire de se projeter dans la suite, sur le long terme. Pour celles et ceux qui viendront après nous aussi. Car, s'il existe actuellement peu de véritables alliés des femmes parmi les hommes, nous ne désespérons pas que cela advienne prochainement. Certains hommes commencent à faire leur part, nous leur proposons de rallier les autres à leur lutte et nous les soutiendrons bien sûr. C'est ainsi que se constituera réellement cette réserve d'alliés. Pour l'instant, ce sont les prémices, mais laissons-leur le temps de motiver leurs pairs.

Nous n'aurons alors, par la suite, plus besoin de la sororité « par bagarre », elle ira de soi. Elle sera aussi normale et logique que la solidarité entre les hommes. Cela nécessite que nous ne lâchions rien, et que le groupe social masculin se remette en question : nous laissons cela à leur sagacité et à leur propre pouvoir d'agir. Car si la sororité n'a pas besoin du patriarcat pour exister, si elle n'a pas non plus besoin des hommes dans ses rangs, les femmes, elles, reconnaissent que les hommes existent et qu'ils ont toute légitimité à participer à l'organisation de la société.

La sororité est donc une fois encore politique en ce qu'elle prend en compte le réel et n'exclut personne de la société. **La sororité n'est pas une vengeance, une inversion de domination**. Elle est politique en ce qu'elle permet à une société de se constituer, de se maintenir, d'être vivable pour toutes les personnes qui la composent.

La sororité peut permettre de réussir là où les penseurs des Lumières, les humanistes et autres hommes politiques ont échoué : elle considère qu'il existe bien des femmes et des hommes, et qu'au-delà d'un cadre juridique, ces deux groupes sexués peuvent constituer **une société inclusive** – y compris à celleux qui ne se reconnaissent pas dans ces catégories – sans qu'un groupe ait besoin de dominer, d'écraser, d'invisibiliser l'autre.

Il suffit de s'y mettre.

Nous, nous sommes prêtes.

Et vous ?

UNE POUR TOUTES, TOUTES POUR UNE !

Chloé Thibaud
journaliste et autrice

Depuis quelques années, j'entends presque le mot « sororité » comme un verbe, « sororiter ». C'est-à-dire que je m'applique à la mettre en pratique et que je fais particulièrement attention aux femmes qui la pratiquent aussi. Le fait d'« être sorore » m'est devenu indispensable, parce qu'il m'aide à aller mieux dans un monde où je me sens constamment confrontée à la violence masculine. Après avoir été victime d'un homme violent avec lequel j'étais en couple, savoir qu'une multitude de femmes étaient capables de me comprendre, intimement, même sans me connaître, m'a sauvée. J'ai le sentiment que nous ne pouvons comprendre l'importance de cette solidarité féminine qu'après avoir pris conscience des forces qui s'opposent à nous. C'est parce que les solidarités masculines s'exercent depuis toujours qu'il m'apparaît aujourd'hui urgent de former ce rempart, bienveillant, non violent. En moi, la sororité prend tour à tour des allures de pansement ou d'armure. Grâce à elle, je dirais que je me suis adoucie et endurcie, c'est une sensation particulière.

Dans mon métier de journaliste – comme dans de très nombreux métiers –, la concurrence est rude, notamment entre les femmes, car nous avons encore et toujours moins de place que les hommes. De fait, la rivalité féminine est un réel problème, et la sororité me semble être l'outil le plus intelligent pour le résoudre. Rien ne me touche plus qu'une consœur qui me recommande auprès d'un média, d'une maison d'édition, qui dit du bien de mon travail, le cite ou en fait la promotion. J'ai appris avec le temps que c'était à nous de prendre cette place que les hommes ne veulent pas nous donner, de prouver que nous pouvions toutes l'occuper, sans avoir à nous éclipser les unes les autres. Aussi, je m'applique à mettre en lumière celles qui font ce métier et qui, parfois, traitent des mêmes sujets que moi. Au lieu de les considérer comme une menace, je nous visualise plutôt comme une équipe. Nous nous complétons, nous créons des échos qui permettent à nos voix et à nos travaux de résonner encore plus fort.

Anne-Cécile Mailfert
présidente de la Fondation des Femmes

La sororité, pour moi, est bien plus qu'un simple concept ; c'est une force collective qui unit les femmes dans un esprit de solidarité et de transformation sociale. Elle représente la capacité des femmes à se rassembler, à se soutenir et à s'élever les unes les autres face aux défis et aux injustices. C'est parce qu'elle existe que la société a pu évoluer et résister, via les mouvements de paysannes, d'ouvrières et de lavandières, de suffragettes, et des « 343 » et, évidemment, de #MeToo.

Mais ma vision de la sororité est aussi celle d'une force universelle. La sororité a la capacité non seulement de transformer la vie des femmes, mais aussi de l'ensemble de la société. Alors que la fraternité se résume trop souvent à un boys club, la sororité doit au contraire être une main tendue.

La Fondation des Femmes est la preuve vivante de la sororité. Par exemple, lorsque éclate l'affaire Weinstein qui met le feu à #MeToo, la Fondation des Femmes a un an et demi. La situation est très difficile, car on arrive péniblement à lever et à redistribuer quelques dizaines de milliers d'euros. Personne n'est vraiment contre l'égalité femmes-hommes, mais peu comprennent qu'il faille donner pour aider les associations en difficultés. J'allume la télévision et j'entends alors Julie Gayet expliquer qu'elle aimerait monter un fonds, car elle est très préoccupée par toutes ces femmes qui sont dans l'ombre et qui, lorsqu'elles vivent les violences décrites par les actrices, n'ont ni les médias ni la télévision avec elles.

Je réussis à trouver son numéro : je me dis, ça passe ou ça casse. J'étais en congé maternité de mon premier enfant, la Fondation des Femmes était en sursis : avec #MeToo, elle pouvait décoller ou se crasher. J'ai mis mon cœur sur la table, expliqué le projet, sa vision. Julie, qui ne me connaissait pas, m'a immédiatement répondu : c'est formidable, je vais t'aider, on va le faire ensemble.

Elle aurait pu souhaiter faire quelque chose dans son coin. Seule. Elle a préféré faire ensemble. D'autres Julie, il y en a des centaines à la Fondation des Femmes. Elles se reconnaîtront, je l'espère. Quand j'y pense, je me dis que les femmes, lorsqu'elles s'organisent ensemble, lorsqu'elles déconstruisent la misogynie qui, parfois, pollue leurs relations, sont une force inarrêtable. L'Hymne des femmes chante ainsi : « Découvrons-nous des milliers ! Reconnaissons-nous, les femmes. Parlons-nous, regardons-nous. Ensemble, on nous opprime, les femmes. Ensemble, révoltons-nous ! »

Pour conclure ce Pacte, nous tenons avant tout à vous dire combien nous avons conscience que rien de ce que nous proposons n'est facile. Nous sommes comme vous : la sororité est un défi pour nous également. Nous ne prétendons pas avoir tout compris et être parfaites. La posture haute, didactique n'est jamais pertinente quand il s'agit d'inventer des possibles ensemble.

Chaque jour depuis que nous avons pris conscience des freins systémiques, mais aussi du dévoiement du terme même de sororité par certain·es, nous vivons le défi de la sororité. Ce projet d'écriture lui-même a représenté un défi. Trois femmes, trois histoires, trois expertises, trois philosophies et engagements féministes. Nous aurions pu l'écrire avec d'autres, peut-être. Il aurait forcément été différent, ni mieux ni moins bien. Juste différent. Mais nous nous sommes choisies, certaines personnes diront peut-être « à l'exclusion des autres ». Soit, si cela peut les rassurer. Nous, parce que ce NOUS est fort et que nous avons travaillé à le créer, nous assumons cette création d'un NOUS.

Nous sommes venues par là casser encore un cliché éculé : les trios ne fonctionnent jamais dans le travail comme en amitié. Pourtant, nous y sommes parvenues comme y parviennent tant d'autres femmes.

Nous avons cependant pris un engagement, que nous avons établi rapidement : nous devions tout poser sur la table et trier ensemble. Nous devions, dès le début, accepter les fonctionnements, limites, besoins de chacune. Mais aussi nos modes de communication, notre périmètre de vocabulaire, nos expériences du féminisme et de la sororité. Nous avons aussi considéré qu'il nous serait nécessaire de ne pas pratiquer uniquement le raisonnement par l'exemple, ou à l'inverse un raisonnement académique de l'ordre de ce que serait un savoir universel. Il nous fallait mêler tous les arguments, tous les exemples, toutes les histoires. C'est pour ça aussi que nous avons sollicité d'autres femmes. Pour que leurs mots existent avec les nôtres.

La sororité ne nous appartient pas, ce n'est pas « le mot » de Lucile, Aline et Maryne. La première sororité commence par le partage de ce mot. Si une femme vous dit que ce mot c'est « son » mot, fuyez. Peut-être n'a-t-elle alors pas saisi l'éthique profonde de ce terme, son mécanisme majeur : **la sororité se partage**. Il faut l'être par relation envers soi-même et envers les autres.

Par ailleurs, tout est fait pour que, collectivement comme en petit nombre, en binôme même, nous ne parvenions pas à être sorores. Sans le vouloir toujours, nous pouvons être les artisanes de cet impossible prescrit.

Mais nous pouvons décider, quels que soient les freins externes, de refuser cette prophétie autoréalisatrice.

Car nous avons bien des choses en commun, et l'une d'elles est que **nous nous savons**.

Les ingrédients de la sororité-racine sont donc là, tout près de nous, en nous, même.

Nous nous « savons » tellement les unes les autres que c'est parfois insupportable et que nous le nions à l'autre pour survivre soi-même.

Lorsqu'une femme parle de son vécu, quoi qu'en disent les autres femmes présentes, au fond, bien sûr qu'elles savent. La sororité-racine se crée dans la violence misogyne mais surtout dans le vécu, dans notre corps de femme qu'aucun homme ne peut comprendre totalement puisqu'il n'est pas nous (et réciproquement bien sûr).

Le vécu de femme est un iceberg. Il y a 1/10e que l'on peut voir, que l'on peut même juger. Mais si on le juge, alors, on se coupe des 9/10e de l'Autre. Cette autre pas si différente de nous-mêmes.

La sororité-racine sert à nous « dé-morceler » : nous sommes des personnes complètes, qui faisons partie d'un Peuple complet, le Peuple des femmes. « L'une de l'autre isolée » ? Plus jamais !

Notre proposition : le Pacte de la sororité.

RIPOSTES

SORORES

Nous nous sommes aperçues que de nombreuses phrases toutes faites sur les femmes et leur incapacité à être sorores circulaient largement un peu partout. Nous nous sommes amusées à imaginer les ripostes sorores que vous pourriez renvoyer lorsque vous en entendez.

À vous de jouer !

Dans la vie professionnelle

• **« Les femmes font pire que les hommes »**

Rien ne le prouve de façon objective. Pourtant, c'est ce qu'on peut ressentir. Mais ce n'est pas une question de fait, juste de lunettes.

CE QU'ON PEUT RÉPONDRE : Les espaces les plus violents sont ceux où les gens sont pressurisés et maltraités, mis en concurrence. Tu te rappelles l'affaire France Télécom ?

CE QU'ON PEUT AUSSI RÉPONDRE : Les femmes ont le droit de travailler sans l'autorisation de leur mec depuis 1965, tu crois vraiment qu'elles ont façonné le monde du travail et les codes du pouvoir d'un truc qui existe depuis des milliers d'années alors qu'elles y ont une place depuis seulement soixante ans ?

• **« Les femmes entre elles, c'est pire que les hommes entre eux… »**

Factuellement, non. Là encore, la manière dont on va observer les espaces non mixtes est façonnée par les lunettes de la misogynie.

CE QU'ON PEUT RÉPONDRE : Ah oui ? T'as déjà passé du temps dans des espaces exclusivement masculins ? (On vous dira : « Non, mais c'est ce que je perçois » et vous pourrez répondre alors que les hommes en viennent facilement à la violence physique entre eux, c'est finalement la seule différence avec les groupes en non-mixité féminine.)

CE QU'ON PEUT AUSSI RÉPONDRE : J'entends ton avis, mais t'as déjà discuté avec Erwann, qui bosse dans le bâtiment, ou avec Martin, qui bosse dans une start-up ? Ils peuvent t'en raconter de belles !

• « … et c'est encore pire quand il y a un homme dans la salle »

Factuellement, non. En revanche, le comportement d'un groupe sexué est en effet globalement différent lorsqu'une personne de l'autre sexe est présente. C'est le cas pour les femmes comme pour les hommes.

CE QU'ON PEUT DEMANDER : Et pour toi, quand il y a un homme dans la salle, ça change quoi dans ton comportement ?

CE QU'ON PEUT AUSSI RÉPONDRE : C'est vrai qu'il y a des femmes qui considèrent que le pouvoir est masculin, elles font donc ce qu'elles peuvent pour être visibles par les hommes. Ça te dit, la prochaine fois qu'il y a un Jean-Michel dans la pièce, qu'on regarde comment se comportent les autres femmes et qu'on les rassure plutôt sur leur légitimité ?

• « Je préfère travailler avec des hommes »

Beaucoup de femmes le pensent pour deux raisons. D'abord, on leur rabâche depuis leur enfance que les femmes c'est horrible, qu'elles sont pires que les hommes. Notre vocabulaire est empreint de violence comme avec « crêpage de chignon » et autres « coups de pute » pour reprendre les expressions consacrées. La seconde raison, c'est le statut. Nous avons l'impression que travailler avec des hommes nous permet d'être plus légitimes dans l'espace professionnel, et nous donne une place. Sauf que ce statut est toujours très stéréotypé et nourrit le sexisme ambiant, qu'il soit « bienveillant » avec le paternalisme, clandestin ou hostile.

CE QU'ON PEUT DEMANDER : C'est important pour toi le regard des hommes dans ta vie professionnelle ?

CE QU'ON PEUT AUSSI RÉPONDRE : Mettre les lunettes de la sororité, c'est aussi se rendre compte qu'on juge beaucoup plus sévèrement les femmes que les hommes. Le monde du travail est déjà bien assez violent comme ça, on n'a peut-être pas besoin d'en rajouter en imaginant une violence propre aux femmes.

Dans les rapports de séduction hétéronormés

- **« La rivalité entre les femmes, c'est normal, faut qu'on se batte pour avoir les hommes ! »**

Ce n'est pas normal, même si c'est assez réel. Cela tient à deux éléments : l'hétéronormativité ambiante et l'éducation à la rivalité. Personne n'a à « se battre pour » personne, mais on peut en avoir la sensation, surtout quand on est une femme, parce qu'on est éduquée à considérer les autres femmes comme des concurrentes plutôt que comme des sœurs.

CE QU'ON PEUT RÉPONDRE : Intéressant ce champ lexical de la guerre, finalement ça renvoie beaucoup au concept de guerre des sexes dont parlent les masculinistes à longueur de temps, tu crois pas ?

ON PEUT AUSSI RÉPONDRE : Moi, je pense que si j'ai besoin de me « battre » pour un homme, c'est qu'il n'a pas été capable de voir lui-même ma valeur, tant pis pour lui, next ! T'en penses quoi ?

• « Oui mais c'est toujours une autre femme qui me volera mon mari »

On en revient à la mise en concurrence entre les femmes. Alors, certes, si votre conjoint est hétéro (ah ah), il y a des risques qu'il vous trompe avec une femme. Mais pourquoi ce serait à une personne inconnue de porter la responsabilité de cette trahison ? Votre conjoint, qui vous connaît et vous aime, s'il est infidèle, est bien le plus responsable.

CE QU'ON PEUT RÉPONDRE AVEC HUMOUR : Si ton mari est hétéro, c'est possible, cela dit, s'il est fidèle et heureux, c'est à lui de savoir garder son pantalon !

CE QU'ON PEUT AUSSI RÉPONDRE : Évitons d'inverser les responsabilités. Ce ne sont pas les femmes qui nous volent nos mecs, ce sont nos mecs qui se laissent séduire…

• **« Je peux pas être sorore avec une fille plus belle que moi »**

On pourrait te dire que ce n'est pas un concours, que la beauté est dans l'œil de la personne qui nous regarde et blablabla. Mais, dans la réalité, on a toutes des moments où on ne s'aime pas et ce genre de mantra n'est pas franchement utile. On va donc plutôt te dire que, peut-être, la femme que tu trouves plus belle que toi t'admire elle aussi pour tout un tas de raisons. Alors, ce serait dommage de ne pas relationner avec elle, tout ça pour une question de physique : la sororité-racine, c'est pour tout le monde !

CE QU'ON PEUT RÉPONDRE : Si t'as besoin d'avoir une « copine moche » pour te sentir exister, c'est que ton besoin c'est pas d'avoir une amie, mais de faire un training-légitimité pour enfin voir ce que moi, je vois de beau en toi.

CE QU'ON PEUT AUSSI RÉPONDRE : Si je pensais comme toi, alors je ne pourrais pas être amie avec toi, ce serait dommage, non ?

• **« La sororité c'est juste un truc de meufs qui veulent taper sur les mecs »**

La sororité, c'est plutôt l'inverse en fait : c'est fait pour penser à soi en tant que femme, en lien avec d'autres femmes. Dommage donc de ramener toujours tout aux hommes. Ils n'ont rien à faire dans cette histoire-là. Personne n'a besoin de sororité pour critiquer les autres.

CE QU'ON PEUT RÉPONDRE : Je connais plein de femmes pas du tout sorores qui critiquent aussi les hommes, comment on les classe alors celles-ci ?

CE QU'ON PEUT AUSSI RÉPONDRE : La sororité n'est pas un vase communicant, quand on donne aux femmes on ne retire rien aux hommes.

Sororité impossible

• **« Ça n'existe pas la solidarité entre femmes »**

C'est là une des réussites de l'invisibilisation des femmes dans l'Histoire. Si le Peuple des femmes n'existe pas, la conscience de groupe social non plus, et nos relations encore moins. Pourtant, on peut le constater jusque dans les romans du XIXe siècle : de tout temps, les femmes ont vécu des choses ensemble, et les ont affrontées ensemble.

CE QU'ON PEUT RÉPONDRE : L'Histoire est truffée d'exemples de solidarité entre femmes, et je suis désolée que tu n'en aies pas bénéficié toi-même. Moi, je veux bien être solidaire de toi, de femme à femme. Si elle n'existe pas pour toi, c'est peut-être juste qu'il faut qu'on la construise ensemble !

CE QU'ON PEUT AUSSI RÉPONDRE : Pourtant, la semaine dernière, Martine t'a dit : « Rentre chez toi, je m'occupe de tout », alors que tu étais épuisée et malade, tu te rappelles ?

• « La sororité, c'est bien, mais moi il y a des femmes que j'aime pas et j'ai le droit »

Personne ne dit que tu dois être une bisounours qui aime les femmes par principe. Peut-être que tu peux juste ne pas participer au sexisme ambiant en parlant d'elles en utilisant des termes et en les jugeant d'une façon que tu n'emploierais pas pour un homme. C'est juste ça, en fait, la sororité.

CE QU'ON PEUT RÉPONDRE : Je trouve ça rassurant que tu n'aimes pas toutes les femmes ! Mais la sororité, c'est s'empêcher de juger plus durement les femmes que les hommes, pas s'empêcher d'avoir un avis.

CE QU'ON PEUT AUSSI RÉPONDRE : La sororité est mise à l'épreuve justement face aux femmes qui nous font du mal. Mais entre une femme qui te blesse et un homme qui te blesse il y a une différence majeure, c'est le patriarcat. Et lui, il tape déjà bien assez sur les femmes, alors on a peut-être pas besoin d'en rajouter entre nous.

• **« La sororité exclut les hommes »**

Factuellement, oui. Mais depuis des centaines d'années, la solidarité masculine exclut les femmes et ça ne dérange personne. Quel est le souci avec le fait de se reconnaître dans le groupe social du Peuple des femmes ? Une fois de plus, on ne retire rien aux hommes.

CE QU'ON PEUT RÉPONDRE : La fraternité exclut les femmes, les femmes sont exclues de nombreux endroits et ça ne choque personne. Pourquoi ça devrait déranger quand ce sont les hommes qui sont exclus ?

CE QU'ON PEUT AUSSI RÉPONDRE : J'ai pas besoin d'hommes à tout instant dans ma vie, et toi ?

• **« Y a déjà les femmes dans la fraternité, pourquoi en rajouter ? »**

« Fraternité » peut sembler bien plus inclusif, c'est vrai, mais uniquement parce qu'on a l'habitude de ce mot, ce qui n'est pas le cas pour la « sororité ». « Fraternité » désigne les frères, et nous ne sommes les frères de personne. Tant que nous n'assumerons pas d'être des femmes, dans le sens plein et positif du terme, nous intérioriserons que nous valons moins que les hommes, et que nous pouvons donc rester en arrière, invisibles. Assumons d'être des femmes, d'avoir la même valeur, d'être tout aussi importantes.

Assumons la sororité comme un moteur non pas d'exclusion mais de partage dans un entre-soi protecteur.

CE QU'ON PEUT RÉPONDRE : « Fraternité » vient de « frère », moi je ne suis LA frère de personne, par contre je suis TA sœur. Et toi ?

CE QU'ON PEUT AUSSI RÉPONDRE : S'il y avait réellement les femmes dans la fraternité, notre pays dont la devise est « liberté, égalité, fraternité » serait plus égalitaire pour les femmes, tu ne crois pas ?

ÉLÉMENTS DE BIOGRAPHIE DES CONTRIBUTRICES

Hamida AMAN est une journaliste afghane, née à Kaboul. Elle est la fondatrice de la société de production audiovisuelle Awaz Communication et de TV Begum et Radio Begum, des médias indépendants qui diffusent des programmes éducatifs à destination des femmes afghanes.

Michelle DAYAN est une avocate spécialisée dans le droit de la famille, cofondatrice de l'association Women for Law (W4L) qui lutte contre les violences faites aux femmes. Elle est l'autrice d'un essai sur les Français et le divorce, *Nous nous sommes tant aimés* (2024).

Hélène DEVYNCK est journaliste, scénariste et écrivaine. Elle écrit pour *Le Monde* et *Libération*. Son livre, *Impunité*, aux Éditions du Seuil, ausculte les silences imposés aux victimes de violences sexuelles, les complicités qui permettent aux agresseurs de prospérer et la force de la sororité.

Élise GARCIA est plume, engagée dans la lutte contre les violences sexistes et sexuelles. Consultante en stratégie éditoriale, autrice d'un ouvrage de micro-fictions, *Défractée*, à paraître chez Nouvelles Lunes, elle est la créatrice du podcast « Raconte-moi une chanson », créé en partenariat avec la Fondation des Femmes.

Cynthia ILLOUZ est docteure en sciences de gestion, consultante et experte en mécénat, RSE et éthique des entreprises. Fondatrice du média Chari-T ainsi que du podcast « The Women's Voices », elle est aujourd'hui vice-présidente d'ONU Femmes France.

IRMA est une chanteuse, compositrice et interprète camerounaise aux textes engagés. Son album *Letter to the Lord* est disque de platine. Elle a fondé le label de musique Azobé.

Anaïs LELEUX est une militante féministe qui a participé à la création de nombreux collectifs, comme Nous Toutes et Pourvoir féministe. Depuis 2019, elle témoigne elle-même et accompagne les révélations des femmes sur les violences sexistes et sexuelles dans le cadre politique.

Anne-Cécile MAILFERT est une militante féministe et écrivaine. Elle a été porte-parole puis présidente d'Osez le féminisme ! Elle est fondatrice et présidente de la Fondation des Femmes.

Claudine MONTEIL est une écrivaine, historienne et ancienne diplomate française. Proche de Simone de Beauvoir, à qui elle a consacré de nombreux ouvrages, signataire du Manifeste des 343 femmes sur l'IVG, elle a milité au MLF. Elle est aujourd'hui présidente de Femmes Monde et marraine de Feminists in the City.

Mélissa PLAZA est une ancienne footballeuse internationale. Docteure en psychologie du sport, elle s'est intéressée à l'impact des stéréotypes de sexe dans la pratique sportive. Elle est également autrice et slameuse, ainsi que conférencière.

Vanessa SPRINGORA est écrivaine, éditrice et ancienne réalisatrice. Suite à son livre *Le Consentement*, paru en 2020, elle s'est spécifiquement engagée dans le combat contre la pédocriminalité, notamment dans les cercles de pouvoir et de médiatisation du monde littéraire et artistique.

Gisèle SZCZYGLAK est docteure en philosophie politique, autrice et *executive coach*. Fondatrice du cabinet de conseil WLC Parners, elle s'engage en faveur du développement professionnel des femmes, particulièrement à travers la promotion du mentoring.

Christelle TARAUD est historienne et féministe, spécialiste de l'histoire contemporaine du Maghreb et de l'histoire des femmes, du genre et des sexualités en contexte colonial. Elle a dirigé l'*Histoire mondiale des féminicides* (2022).

Chloé THIBAUD est journaliste indépendante, spécialiste des sujets culture et société. Elle est l'autrice de la newsletter féministe « La Pause Simone » et de plusieurs livres, notamment *Désirer la violence, ce(ux) que la pop culture nous apprend à aimer* (2024).

Najat VALLAUD-BELKACEM est une femme politique, ancienne ministre des Droits des femmes et de l'Éducation nationale. Elle est actuellement présidente de France Terre d'asile, et dirige à Sciences-Po Paris un programme consacré aux politiques publiques en matière d'égalité.

Éliane VIENNOT est professeuse émérite de littérature de la Renaissance, spécialiste de l'histoire des relations de pouvoir entre les sexes. Militante féministe, elle travaille également au rééquilibrage des pouvoirs du féminin et du masculin dans la langue française.

REMERCIEMENTS

Nous avons écrit ce livre en féministes. Nous nous remercions toutes les trois d'avoir su nous choisir, nous engager et nous respecter. Ce livre dédié à la sororité a aussi été pour nous un grand voyage en terre sorore dont chacune de nous ressort grandie et reconnaissante envers les deux autres.

Nous remercions chaleureusement nos éditrices, Isabelle Dubois et Audrey Petit, pour la confiance et l'enthousiasme avec lesquels elles ont toujours accueilli, accompagné et soutenu notre projet. Nous nous sommes senties comprises, libres et entourées. C'était un grand cadeau de vivre la sororité jusque dans cette aventure éditoriale.

Merci à la maman d'Aline pour sa table toujours bien garnie et ses bras grands ouverts, ainsi qu'à Justine et Maryvonne pour leur accueil à Arromanches.

Un immense merci à Sysko sans qui ce livre n'aurait pas existé.

Merci à nos proches et à nos sœurs qui nous accompagnent quotidiennement et nous soutiennent dans notre parcours de féministes.

Table

Le monde de la sororité

PAPIER CERTIFIÉ

Le Livre de Poche s'engage pour l'environnement en réduisant l'empreinte carbone de ses livres. Celle de cet exemplaire est de :
300 g éq. CO_2
Rendez-vous sur
www.livredepoche-durable.fr

Composition réalisée par PCA

Achevé d'imprimer en février 2025 en Espagne par
RODESA
Dépôt légal 1re publication : mars 2025
LIBRAIRIE GÉNÉRALE FRANÇAISE
21, rue du Montparnasse – 75298 Paris Cedex 06
marketing@livredepoche.com

60/2163/5